Presentado a:

_____

Por:

_____

Fecha:

_____

Título en inglés: *Jesus Lives*
© 2009 por Sarah Young
Publicado por Thomas Nelson

Editora en Jefe: *Graciela Lelli*
Traducción: *Eugenio Orellana*
Adaptación del diseño al español: *Mauricio Díaz*

ISBN: 978-0-7180-9347-1

Impreso en Estados Unidos de América

21 22 23 24 25 BP 6 5 4 3 2

Dedico este libro a Jesús, mi
Dios y Salvador que vive.

Y habiendo amado a los suyos que estaban
en el mundo, los amó hasta el fin.
JUAN 13.1

«No está aquí, pues ha resucitado,
tal como dijo…».
MATEO 28.6

Quisiera expresar una gratitud
especial a Kris Bearss, mi directora
de proyectos, editora y mucho más.
En este proyecto desempeñó muchas
funciones e hizo contribuciones
importantes. También quiero dar las
gracias a Laura Mitchew y Lisa Stilwell
por sus consejos, paciencia y palabras
de aliento. Considero un privilegio
trabajar con un equipo tan especial.

EXPERIMENTA
SU AMOR *en* TU VIDA

Jesús
vive™

Sarah Young

GRUPO NELSON
Una división de Thomas Nelson Publishers
Desde 1798

NASHVILLE   MÉXICO DF.   RÍO DE JANEIRO

GUÍA TEMÁTICA EN *Jesús vive*

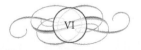

Introducción

Ni la muerte, ni la vida, ni ángeles, ni principados, ni potestades, ni lo presente, ni lo por venir, ni lo alto, ni lo profundo, ni ninguna otra cosa creada nos podrá separar del amor de Dios, que es en Cristo Jesús Señor nuestro (Romanos 8.38, 39). Deja que estos poderosos versículos inflamen tu corazón y exploten en tu mente como fuegos de artificio. ¡Nada en toda la creación puede separarnos del amor de Jesús!

Vivimos en un mundo donde abundan las separaciones: padres de hijos, esposos de esposas, amigos de amigos, los sueños de la infancia de las realidades de la edad madura y así sucesivamente. Pero hay una devastadora desconexión que los cristianos *nunca* tendrán que enfrentar: la separación del amor de Jesús, amor que es inagotable.

Nosotros, los seguidores de Jesús, enfrentamos cada día un glorioso desafío: confiar en su amor sin importar las circunstancias. A lo largo de los años, experimentaremos muchas pérdidas, pero la única cosa sin la que podemos vivir, y que nunca podremos perder, es la presencia amorosa de Jesús. Aun esta gran verdad, sin embargo, puede no ser suficiente para llevarnos confiadamente a través de nuestros tiempos difíciles, a menos que esté acompañada por un conocimiento experiencial

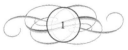

de Jesús. En tales momentos de nuestras vidas, debemos buscar y «ver» su amor.

Jesús vive: Experimenta su amor en tu vida está diseñado para ayudarte a encontrar a tu Salvador viviente a medida que vas pasando por las varias circunstancias de tus días y, especialmente, si estás enfrentando dificultades. Escribí este libro con un enfoque en el asombroso amor de Dios por sus hijos. Como ha ocurrido con mis libros anteriores, este lo compuse escuchando y escribiendo, escuchando y escribiendo, siempre en oración y dependencia del Espíritu Santo. Escribí «lo que oía» del Amante de mi alma mientras escuchaba intensamente en su presencia. *Jesús vive* está escrito en el mismo estilo de *Jesús llama*: desde la perspectiva de Jesús hablándote a *ti*.

Mientras escribía este libro, mi salud se iba deteriorando al punto que me sentía tan débil como nunca antes. Como consecuencia, la conciencia de mi necesidad se mantuvo en todo momento alta y el proceso de escribir se transformó, como nunca antes, en un acto de fe. Miré al Señor en su infinita suficiencia, llevándole solo mi total insuficiencia. Una y otra vez, se inclinó para ayudarme sin preocuparse por lo poco que yo había puesto sobre la mesa. En ocasiones, me sorprendió con el ardor de su amor. Mientras me mantenía concentrada en Jesús, su compasiva presencia siempre me dio aliento.

La Biblia es la única Palabra de Dios infalible. Mis escritos están fundamentados en ese estándar inalterable

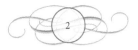

y yo procuro asegurarme que sean consistentes con la verdad bíblica.

Te animo a que leas las devociones que encontrarás en *Jesús vive* con tiempo y en espíritu de oración, abriendo tu mente y tu corazón a Aquel que te ama más de lo que puedas imaginarte. Espero, asimismo, que medites en los versículos bíblicos que he incluido en cada sección. La Palabra de Dios es viva, llena de poder y penetra profundamente en el corazón humano y cambia vidas.

Oro para que Dios use *Jesús vive* para aumentar tu conciencia del amor de Cristo en tu vida. Considero esto un privilegio orar por todos los lectores de mis libros; por eso, hago de esta práctica algo de alta prioridad cada mañana.

Mi deseo es que día a día experimentes una intimidad y comunión profunda y rica con Jesús.

Abundantes bendiciones,

Sarah Young

SU AMOR

LA FORMA EN QUE ME DIRIJO A TI —AMADO— INDICA CUÁNTO TE AMO. *Mi amor por ti hasta el fin* quedó de manifiesto al soportar humillaciones, torturas y hasta la muerte. No es posible que exista ni se pueda concebir un amor más grande que este.

Tú has guardado en tu memoria muchas experiencias de mi amor inigualable. Quiero que vivas en estos recuerdos. ¡Disfrútalos una y otra vez! Esta práctica ayudará a convencer a tu corazón dubitativo que mi amor extraordinario es realmente tuyo cada nanosegundo de esta vida y a través de la eternidad.

Cuando permaneces en mí, estás permaneciendo en mi amor porque *Yo soy amor*. Al vivir cerca de mí, comunicándote conmigo más y más, mi presencia viviente permeará tu ser entero. Y te capacitará para que *confíes en mi gran amor*, seguro en la salvación que gané para ti.

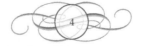

Se acercaba la fiesta de la Pascua. Jesús sabía que le había llegado la hora de abandonar este mundo para volver al Padre. Y habiendo amado a los suyos que estaban en el mundo, los amó hasta el fin.
JUAN 13.1

Nadie tiene amor más grande que el dar la vida por sus amigos.
JUAN 15.13

Y nosotros hemos llegado a saber y creer que Dios nos ama. Dios es amor. El que permanece en amor, permanece en Dios, y Dios en él.
1 JUAN 4.16

Pero yo confío en tu gran amor; mi corazón se alegra en tu salvación.
SALMOS 13.5

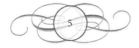

GOZO

ALÉGRATE EN MÍ SIEMPRE. Esta es una decisión que se toma momento a momento. Es posible encontrar gozo en mí aun durante las circunstancias más dolorosas. Debido a que yo estoy siempre cerca, eso me hace estar constantemente disponible para venir en tu ayuda. Incluso te puedo llevar a través de tiempos de extrema adversidad.

Imagínate a una mujer que se ha comprometido con un hombre a quien ama y admira profundamente. Su corazón se desborda con alegría cada vez que piensa en el amado. Sus problemas pasan a segundo término, incapaces de enfriar su entusiasmo y emoción. De igual manera, cuando recuerdas que yo soy tu perfecto prometido y que te has unido a mí para siempre, puedes regocijarte en mí aun enfrentando los problemas que sean.

Es en el momento presente que me encuentras siempre cerca de ti. *Mi presencia en el presente* es una fuente inagotable de Gozo, una *fiesta continua*. La satisfacción de alma que encuentras en mí te ayuda a relacionarte bien con otras personas. En la medida que disfrutas mi presencia permanente, con tu *amabilidad* puedes ser de bendición para otros.

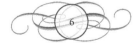

Alégrense siempre en el Señor. Insisto: ¡Alégrense! Que su amabilidad sea evidente a todos. El Señor está cerca.
FILIPENSES 4.4, 5

*Para el afligido todos los días son malos;
para el que es feliz todos son de fiesta.*
PROVERBIOS 15.15

Mi alma quedará satisfecha como de un suculento banquete, y con labios jubilosos te alabará mi boca.
SALMOS 63.5

Permanezcan en mí, y yo permaneceré en ustedes. Así como ninguna rama puede dar fruto por sí misma, sino que tiene que permanecer en la vid, así tampoco ustedes pueden dar fruto si no permanecen en mí.
JUAN 15.4

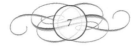

FE

Mi luz brilla sobre ti continuamente, sea que te des cuenta de ello o no. Durante *las primeras horas de la madrugada*, a menudo tus pensamientos se distorsionan y hasta se vuelven catastróficos. Aunque te sientas como si estuvieras envuelto en oscuridades, recuerda que, para mí, *la noche es clara como el día*. Yo estoy contigo, y mi amor por ti nunca falla. Tú necesitas la luz de mi presencia mucho más de lo que necesitas la luz del día.

Cuando el camino que tienes ante ti se ve oscuro y amenazante, aun en tales circunstancias puedes confiar en mí como tu guía. *Vivir por fe* es como usar un radar para saber por dónde debes ir. En lugar de tratar de ver a través de las nubes de incertidumbre que encapotan tu cielo, *fija tu mirada en mí*. Yo te puedo mostrar un camino donde pareciera que no hay camino. Además, en la medida que te esfuerzas por mantenerte en comunicación conmigo, tu alma se abre a mí. Incluso en medio de tus luchas, mi amorosa presencia puede llenar tu alma con un cálido deleite.

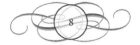

Ni las tinieblas serían oscuras para ti, y aun
la noche sería clara como el día. ¡Lo mismo
son para ti las tinieblas que la luz!

SALMOS 139.12

Vivimos por fe, no por vista.

2 CORINTIOS 5.7

Por la mañana hazme saber de tu gran amor, porque
en ti he puesto mi confianza. Señálame el camino
que debo seguir, porque a ti elevo mi alma.

SALMOS 143.8

Fijemos la mirada en Jesús, el iniciador y perfeccionador
de nuestra fe, quien, por el gozo que le esperaba, soportó
la cruz, menospreciando la vergüenza que ella significaba,
y ahora está sentado a la derecha del trono de Dios.

HEBREOS 12.2

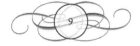

ACTITUD

En mi presencia, tú tienes una aprobación infinita. A menudo, tiendes a juzgarte sobre la base de lo que ves en el espejo a pesar de que sabes lo veleidosa y superficial que es esa siempre cambiante imagen. Tiendes a sentirte igualmente esclavizado a verte a ti mismo a través de los ojos de otras personas, evaluando rigurosamente tu rendimiento personal y casi siempre sintiéndote descontento con algo que has dicho o hecho.

«Esclavizado» es una palabra apropiada. Eres sin duda un esclavo cuando tratas de medirte a través de cualquiera perspectiva que no sea la mía. Evaluar tu valía basado en cómo luces a los ojos tuyos o de los demás es siempre una trampa. Es como cernir arena en busca de oro: fijándote solo en los granos de arena que se filtran a través del tamiz mientras ignoras las valiosas pepitas que quedan. El oro representa la parte eterna de ti: tu alma. Es invisible a todos, aunque no a mí, el único que planea pasar la eternidad contigo. Aunque invisible, un alma bien alimentada puede realmente mejorar tu apariencia: al descansar en la certidumbre de *mi gran amor*, tu rostro brillará con alegría por *mi presencia*.

Mi aceptación de ti es infinita porque continuará para siempre. Está basada enteramente en mi justicia, la cual es tuya por toda la eternidad. Cuando te miras en el espejo, trata de verte como realmente eres: ataviado en perfecta justicia, adornado en brillante aprobación.

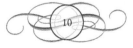

*Sácianos de tu amor por la mañana, y toda
nuestra vida cantaremos de alegría.*
SALMOS 90.14

*Has hecho de él manantial de bendiciones;
tu presencia lo ha llenado de alegría.*
SALMOS 21.6

*Me deleito mucho en el SEÑOR; me regocijo en mi Dios.
Porque él me vistió con ropas de salvación y me cubrió
con el manto de la justicia. Soy semejante a un novio que
luce su diadema, o una novia adornada con sus joyas.*
ISAÍAS 61.10

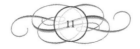

PRUEBAS

VEN A MÍ CON LAS DIFICULTADES QUE TE DESALIENTAN. Aun cuando puede no verse el alivio de inmediato, desde una perspectiva eterna tus problemas son realmente *ligeros y efímeros*. Los sientes tan agobiantes porque les has dado demasiado poder. Cada vez que te concentras en ellos y te olvidas de mí, los estás haciendo un poco más difíciles de sobrellevar. Aun pequeños objetos que se encuentren cerca de tus ojos pueden obscurecer en gran manera lo que está delante de ti. Quiero que pongas tus problemas lo suficientemente lejos como para que puedas ver la vasta expansión de vida que está esparcida ante ti y que se extiende hasta la eternidad misma.

La mejor forma de alejar tus problemas es traerlos a mí. Descárgate de ellos *y abre tu corazón ante mí, porque yo soy tu refugio*. Al traspasar tus aflicciones a mí (aunque sea temporalmente), tu visión mejorará y podrás verme más claramente. Permanece conmigo mientras mi luz brilla poderosamente en tu corazón. Esta luz ilumina para que *conozcas la gloria de Dios que resplandece en mi rostro*. Esta es la gloria eterna que pesa más que todos tus problemas.

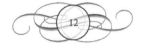

*Pues los sufrimientos ligeros y efímeros que ahora
padecemos producen una gloria eterna que
vale muchísimo más que todo sufrimiento.*
2 CORINTIOS 4.17

*Confía siempre en él, pueblo mío; ábrele tu corazón
cuando estés ante él. ¡Dios es nuestro refugio!*
SALMOS 62.8

*Dios, que ordenó que la luz resplandeciera
en las tinieblas, hizo brillar su luz en nuestro
corazón para que conociéramos la gloria de
Dios que resplandece en el rostro de Cristo.*
2 CORINTIOS 4.6

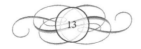

ADORACIÓN

YO SOY EL FIRME FUNDAMENTO SOBRE EL CUAL PUEDES DANZAR, ENTONAR ALABANZAS Y CELEBRAR CONTINUAMENTE MI PRESENCIA. La mayor parte del tiempo, sin embargo, te sientes sin ganas de hacerlo. Adorarme requiere la participación de tu ser entero, algo que disfrutas, aunque te cuesta hacerlo.

Si quieres aprender cómo adorarme más consistente y abundantemente, comienza por permanecer en mi presencia tranquilizadora. Al recuperar la calma en mis *brazos eternos*, sentirás cuán seguro estás. No tengas ninguna duda de que yo soy el fundamento firme como roca sobre el cual podrás vivir en forma exuberante. Danzar, cantar y orar son formas con las cuales podrás expresar tu deleite en mí.

Mi presencia irradia gozo en una medida amplia e ilimitada. Cuando me alabas, tu gozo aumenta y eres consciente de mi presencia santa. Tu cuerpo puede estar o no estar participando en esta experiencia, pero *yo me fijo en tu corazón*. Ahí es donde tiene lugar la más sublime celebración de mi presencia.

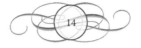

El eterno Dios es tu refugio, y abajo están los brazos eternos. Él echará de delante de ti al enemigo, diciendo: «¡Destruye!».
DEUTERONOMIO 33.27 (RVA-2015)

Me has dado a conocer la senda de la vida; me llenarás de alegría en tu presencia, y de dicha eterna a tu derecha.
SALMOS 16.11

[David] vestido tan solo con un efod de lino, se puso a bailar ante el SEÑOR con gran entusiasmo.
2 SAMUEL 6.14

Pero el SEÑOR le dijo a Samuel: No te dejes impresionar por su apariencia ni por su estatura, pues yo lo he rechazado. La gente se fija en las apariencias, pero yo me fijo en el corazón.
1 SAMUEL 16.7

CONFIANZA

Quiero hacer de tu vida una aventura gloriosa, pero tendrás que esforzarte para alcanzar un estilo de vida que te haga sentir seguro. Yo sé cuán ambivalente es tu corazón en todo esto: por un lado, anhelas la aventura que una vida abandonada a mí puede ser; pero, al mismo tiempo, te quedas pegado a viejas maneras porque le tienes miedo al cambio. Aunque te sientes seguro cuando tu vida es predecible y las cosas parecen estar bajo control, yo quiero que te liberes y descubras las aventuras que he planeado para ti.

La mayor de todas las aventuras es conocerme abundantemente, descubrir *cuán ancho y largo, alto y profundo* es mi amor por ti. El poder de mi vasto amor puede sentirse abrumador. Por eso es que muchos deciden limitar su conocimiento de mí, manteniéndome a cierta distancia. ¡Cómo me entristece esto! Hay quienes se contentan con la mediocridad porque así sienten más comodidad. Mientras tanto, siguen batallando contra el miedo. Solo mi amor es lo suficientemente fuerte como para romper las amarras que el miedo tiene sobre ti. Un estilo de vida predecible puede hacer que te sientas seguro, pero te privará de lo que necesitas más que cualquiera otra cosa: a mí.

Cuando situaciones inesperadas sacuden tu rutina, alégrate. Esto es, exactamente, lo que necesitas: despertarte y hacer que te dirijas a mí. Reconoce que estás en el

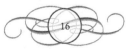

umbral de una nueva aventura y que yo estaré contigo en cada paso que des. Al avanzar juntos, toma firmemente mi mano. Cuanto más te abandonas a mí, más exuberante será tu experiencia de mi amor.

Para que por fe Cristo habite en sus corazones. Y pido que, arraigados y cimentados en amor, puedan comprender, junto con todos los santos, cuán ancho y largo, alto y profundo es el amor de Cristo.
EFESIOS 3.17, 18

El amor perfecto echa fuera el temor. El que teme espera el castigo, así que no ha sido perfeccionado en el amor.
1 JUAN 4.18

Mi alma se aferra a ti; tu mano derecha me sostiene.
SALMOS 63.8

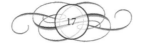

DEPENDER DE ÉL

Tu conocimiento de la necesidad interna que tienes de mí constituye una fuerza profunda. La gente que piensa que no me necesita está en serios problemas porque al pensar así, están dependiendo de sus propias capacidades que son insuficientes. Yo te estoy preparando para que dependas de mí, que soy *tu fuerza*.

Vivir en un mundo caído puede resultar difícil. Sin embargo, mientras te mantengas mirándome a mí, *yo daré a tus pies la ligereza de una gacela*. Yo aliviaré tu carga tanto que casi no te darás cuenta de las piedras debajo de tus pies o de lo escarpado de tu ascenso. Antes que te des cuenta, ya estarás en las alturas, ¡conmigo!

Debes recordar que yo soy soberano. No te ayudaré a ir por un lugar que yo no haya elegido para ti. Por eso, es vital que me *encomiendes tu camino*, pidiéndome que dirija cada paso que des. De esta manera estarás colaborando conmigo mientras te capacito *para hacerte caminar por las alturas*.

El Señor omnipotente es mi fuerza; da a mis pies la ligereza de una gacela y me hace caminar por las alturas.
HABACUC 3.19

Aun los jóvenes se cansan, se fatigan, y los muchachos tropiezan y caen; pero los que confían en el Señor renovarán sus fuerzas; volarán como las águilas: correrán y no se fatigarán, caminarán y no se cansarán.
ISAÍAS 40.30, 31

Encomienda al Señor tu camino; confía en él, y él actuará.
SALMOS 37.5

ESPERANZA

Te estoy preparando para que mantengas en tu corazón un enfoque doble: hacia mi continua presencia y hacia la esperanza del cielo. No vas a encontrar un alivio más intenso que saber que *yo estoy contigo siempre*, tanto aquí en la tierra como a través de la eternidad en el cielo. Has sabido esta verdad por muchos años. Sin embargo, tu corazón es inconstante y tiende a ir tras otros dioses. Solo con la ayuda de mi Espíritu podrás comprender lo increíble de mi presencia contigo para siempre. Sin ninguna duda yo estoy contigo, vigilándote dondequiera que estés, adondequiera que vayas. Simplemente acepta mi presencia contigo como una realidad; la realidad más profunda. Construye tu vida sobre esta verdad absoluta, que es como *construir tu casa sobre la roca*.

Tu corazón y tu mente *vagarán* lejos de mí, pero mi Espíritu dentro de ti te recordará que regreses. Solo tienes que pedirle al Espíritu Santo que te ayude a hacerlo. Él se deleita en ser tu *Consolador*.

Alégrate, porque yo estoy contigo no solo en esta vida, sino en la que está por venir. Deja que la promesa del cielo inunde tu corazón con mi presencia eterna.

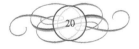

Yo estoy contigo. Te protegeré por dondequiera que vayas,
y te traeré de vuelta a esta tierra. No te abandonaré
hasta cumplir con todo lo que te he prometido.
GÉNESIS 28.15

Por tanto, todo el que me oye estas palabras y las
pone en práctica es como un hombre prudente
que construyó su casa sobre la roca.
MATEO 7.24

Y yo le pediré al Padre, y él les dará otro Consolador
para que los acompañe siempre: el Espíritu de
verdad, a quien el mundo no puede aceptar porque
no lo ve ni lo conoce. Pero ustedes sí lo conocen,
porque vive con ustedes y estará en ustedes.
JUAN 14.16, 17

En el hogar de mi Padre hay muchas viviendas; si no fuera
así, ya se lo habría dicho a ustedes. Voy a prepararles
un lugar. Y, si me voy y se lo preparo, vendré para
llevármelos conmigo. Así ustedes estarán donde yo esté.
JUAN 14.2, 3

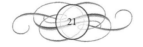

QUEBRANTAMIENTO

Tus debilidades y tu quebrantamiento me acercan aun más a ti. Te puedes abrir a mí porque yo te entiendo perfectamente. Mi compasión por ti se desborda. Cuando te abres a mi presencia sanadora yo te lleno con *paz que sobrepasa todo entendimiento*. Así es que deja de pensar en todo; en lugar de eso, apóyate en mí; deja que tu cabeza se recueste sobre mi pecho. Mientras descansas, estaré vigilante sobre ti y sobre todo lo que tiene que ver contigo.

Confía en mí en lo profundo de tu ser donde yo vivo en unión contigo. Mi obra sanadora en ti es más efectiva cuando estás confiando activamente en mí. *Aunque cambien de lugar las montañas y se tambaleen las colinas, no cambiará mi fiel amor por ti*. Esta es la esencia de mi compasión por ti: no importa cuán desesperadas sean tus circunstancias, siempre podrás contar con *mi fiel amor*.

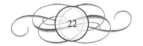

No acabará de romper la caña quebrada, ni apagará la mecha que apenas arde. Con fidelidad hará justicia.
ISAÍAS 42.3

No se inquieten por nada; más bien, en toda ocasión, con oración y ruego, presenten sus peticiones a Dios y denle gracias. Y la paz de Dios, que sobrepasa todo entendimiento, cuidará sus corazones y sus pensamientos en Cristo Jesús.
FILIPENSES 4.6, 7

Confía en el SEÑOR de todo corazón, y no en tu propia inteligencia.
PROVERBIOS 3.5

Aunque cambien de lugar las montañas y se tambaleen las colinas, no cambiará mi fiel amor por ti ni vacilará mi pacto de paz, dice el SEÑOR, que de ti se compadece.
ISAÍAS 54.10

IDOLATRÍA

Desde la caída, los seres humanos han querido hacer ídolos de ellos mismos y de sus propias
creaciones. Les resulta más fácil deificar algo visible que
adorar mi realidad que no se ve. Has pasado años tratando de alcanzar la perfección. Ahora eres más vulnerable
a idolatrar algo que has hecho que lo que eres. Este es un
pecado muy sutil, especialmente cuando has creado algo
para mi gloria y propósitos. Yo me he dignado usar algunas de tus creaciones para bendecir a otras personas y
esto te ha alegrado. Cuando ellos te expresan su gratitud,
tú absorbes sus alabanzas. Y te olvidas que todo lo que has
hecho es tan defectuoso como lo eres tú. Tú no eres más
que una *vasija de barro* que ha sido llenada de sustancia
celestial, así son las cosas que has hecho para mí.

Yo soy *Cristo en ti*, y proyecto en tu corazón *la luz del
conocimiento de mi gloria*. Yo soy el tesoro que no solo te
llena a ti, sino también tus creaciones de barro, dándoles
sentido. Cuando haces tus cosas en dependencia de mí,
yo puedo usarlas poderosamente para mis propósitos.
Deléitate en lo que logramos juntos, pero encuentra tu
máximo gozo en mí, tu tesoro eterno. Al contemplarme
en adoración entrañable, regocíjate en que tu nombre está
escrito en el libro de la vida en el cielo.

*Porque Dios, que ordenó que la luz resplandeciera
en las tinieblas, hizo brillar su luz en nuestro
corazón para que conociéramos la gloria de Dios
que resplandece en el rostro de Cristo. Pero tenemos
este tesoro en vasijas de barro para que se vea que
tan sublime poder viene de Dios y no de nosotros.*
2 Corintios 4.6, 7

*A estos Dios se propuso dar a conocer cuál es la
gloriosa riqueza de este misterio entre las naciones,
que es Cristo en ustedes, la esperanza de gloria.*
Colosenses 1.27

*Sin embargo, no se alegren de que puedan
someter a los espíritus, sino alégrense de que
sus nombres están escritos en el cielo.*
Lucas 10.20

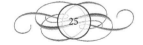

SEGURIDAD

YO CONOZCO BIEN LOS PENSAMIENTOS Y ACTITUDES DE
TU CORAZÓN, ASÍ QUE ES DE SABIOS SER HONESTO CON-
MIGO. Cuando tu corazón rebosa con amor y gozo, yo me
regocijo contigo y me deleito en ti. Cuando eres rebelde y mal agradecido, yo continúo amándote aun cuando
tu conducta sea inaceptable. Cuanto más crees en mí
—quién soy y lo que he hecho— mejor será tu actitud.

Cuando sientas que estás siendo desagradecido, concéntrate en *la meta de tu fe, que es tu salvación*. No importa
cuánto sufras en esta vida, tu alma está absolutamente segura. En el cielo, tienes reservada una eternidad de una
vida maravillosa imposible de explicar con palabras. Esta
herencia gloriosa ha sido acreditada a tu cuenta personal
desde que confiaste en mí como tu Dios y Salvador. Al
meditar en lo maravilloso de la salvación de tu alma, eres
libre, libre para recibir gozo, más allá de toda descripción
y pleno de gloria.

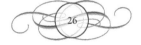

*Ciertamente, la palabra de Dios es viva y poderosa,
y más cortante que cualquier espada de dos filos.
Penetra hasta lo más profundo del alma y del
espíritu, hasta la médula de los huesos, y juzga los
pensamientos y las intenciones del corazón.*
HEBREOS 4.12

*Ustedes lo aman a pesar de no haberlo visto; y,
aunque no lo ven ahora, creen en él y se alegran
con un gozo indescriptible y glorioso, pues están
obteniendo la meta de su fe, que es su salvación.*
1 PEDRO 1.8, 9

*Den gracias al SEÑOR, porque él es bueno;
su gran amor perdura para siempre.*
SALMOS 107.1

*Yo les doy vida eterna, y nunca perecerán, ni
nadie podrá arrebatármelas de la mano.*
JUAN 10.28

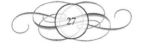

MIEDO

EL MIEDO ES UNA FORMA DE ESCLAVITUD. Yo morí en la cruz por ti para que no fueras un esclavo del miedo. Cuando veo a mis hijos que siguen viviendo *esclavizados al miedo*, me entristezco. Mi sacrificio no solo fue para proporcionar perdón por los pecados, sino también para abrir el camino al corazón de mi Padre. Ahora que tú confías en mí como tu Salvador, eres el receptor de un amor *perfecto*: mi amor, el amor de *Abba*. Este amor *perfecto echa fuera el miedo. El que teme espera el castigo* (y no hay castigo para mis seguidores).

La gente nace en un mundo de esclavitud espiritual, que incluye la esclavitud del miedo. Debido a que tú habitas tanto en un mundo caído como en un cuerpo caído, no es fácil liberarse del miedo. Sin embargo, el *Espíritu que te adopta* puede ayudarte en esta lucha, capacitándote para que te puedas ver como realmente eres: ¡un muy amado hijo de Dios! El Espíritu te libera para que puedas *clamar, «¡Abba! ¡Padre!»*, al creer que eres su precioso hijo adoptado. En la presencia de un padre amoroso y fuerte aun el hijo más asustado recobra la calma. Tú tienes un Padre perfectamente amoroso e infinitamente fuerte, así que siéntete libre de traer tus miedos a él. Deja que te arrime muy cerca de su corazón de *Abba*, donde sabes que estarás seguro. Abre tu corazón para recibir su amor en grandes porciones. Cuanto más cerca está este amor de

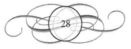

tu corazón, menos posibilidades tendrá el miedo sobre ti.
¡Recibe nuestro amor en medida plena!

Y ustedes no recibieron un espíritu que de nuevo los
esclavice al miedo, sino el Espíritu que los adopta
como hijos y les permite clamar: «¡Abba! ¡Padre!».
ROMANOS 8.15

El amor perfecto echa fuera el temor. El que teme espera
el castigo, así que no ha sido perfeccionado en el amor.
1 JUAN 4.18

Ahora bien, el Señor es el Espíritu; y, donde
está el Espíritu del Señor, allí hay libertad.
2 CORINTIOS 3.17

Así como el Padre me ha amado a mí, también yo los
he amado a ustedes. Permanezcan en mi amor.
JUAN 15.9

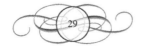

GRACIA

Mi gracia es suficiente para ti, pero su suficiencia es para cada día. Por eso es esencial que aprendas cómo vivir en el presente.

Con qué facilidad tu mente se desliza hacia el futuro donde abundan las preocupaciones. También pasas demasiado tiempo analizando el pasado. Mientras tanto, ante ti desfilan esplendores del momento presente y tú no te das cuenta. Parte del problema es tu tendencia a ser autosuficiente. Yo te puedo ayudar a que aprendas a descansar en *mi* suficiencia, dependiendo más y más de mí.

Necesitas mi gracia para vivir en el presente. Gracia es toda mi provisión para ti, pero aceptarla va contra de tus tendencias naturales. No hay día en que no tengas que confrontar situaciones que requieren de mi ayuda. Momento a momento te ofrezco la ayuda que necesitas. A ti te corresponde reconocer tu necesidad y recibir lo que te ofrezco.

Mi presencia está contigo siempre, proveyéndote todo lo que necesitas. Así es que no te *angusties por el mañana*. Mi suficiencia es para un día a la vez: ¡hoy!

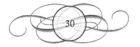

Pero él me dijo: «Te basta con mi gracia, pues mi
poder se perfecciona en la debilidad». Por lo tanto,
gustosamente haré más bien alarde de mis debilidades,
para que permanezca sobre mí el poder de Cristo.
2 CORINTIOS 12.9

Radiantes están los que a él acuden; jamás
su rostro se cubre de vergüenza.
SALMOS 34.5

Así que mi Dios les proveerá de todo lo que necesiten,
conforme a las gloriosas riquezas que tiene en Cristo Jesús.
FILIPENSES 4.19

Por lo tanto, no se angustien por el mañana, el cual tendrá
sus propios afanes. Cada día tiene ya sus problemas.
MATEO 6.34

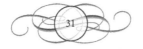

TRISTEZA

Confía siempre en mí. Sé del dolor y la pena que estás sintiendo, y quiero que *abras tu corazón* en mi presencia. Necesitas liberar todas esas emociones en un lugar seguro. Demuestra tu confianza en mí abriéndome tu corazón; al hacerlo, prometo mantenerte seguro.

Recuerda que yo soy un *varón de dolores, hecho para el sufrimiento.* Porque he sufrido de todo, puedo empatizar contigo y compartir tu dolor. Al derramar tus emociones en mi presencia, tu pesada carga se alivianará. Ya no vas a llevar tus tristezas solo. Las traspasas a mí y yo, entonces, *te daré descanso.* Además, en la medida que tu cargado corazón se aliviana, te sentirás libre para aprender más de mí, quién soy, realmente.

Ven a mí y llega a conocerme cada vez en mayor profundidad y amplitud. Encontrarás que yo, indudablemente, soy un refugio, un lugar seguro, inundado con amor eterno. Demórate un rato en mi presencia dejando que mi amor empape tu alma.

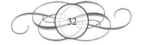

*Confía siempre en él, pueblo mío; ábrele tu corazón
cuando estés ante él ¡Dios es nuestro refugio!*
SALMOS 62.8

*Temer a los hombres resulta una trampa, pero
el que confía en el SEÑOR sale bien librado.*
PROVERBIOS 29.25

*Despreciado y rechazado por los hombres, varón de
dolores, hecho para el sufrimiento. Todos evitaban
mirarlo; fue despreciado, y no lo estimamos.*
ISAÍAS 53.3

*«Vengan a mí todos ustedes que están cansados
y agobiados, y yo les daré descanso».*
MATEO 11.28

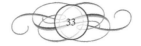

PERMANECER EN ÉL

SI ME INVITAS A TUS PENSAMIENTOS SUSURRANDO MI NOMBRE, REPENTINAMENTE TU DÍA SE ILUMINARÁ Y TE SENTIRÁS MÁS FÁCIL DE SER USADO. Cuando pronuncies mi nombre en amorosa confianza, sentirás mi presencia y te darás cuenta de que estarás más cerca de mí.

En mi nombre hay un gran poder: simplemente susurrando «Jesús» puede transformar un día duro en uno agradable. Si pronuncias mi nombre frecuentemente, reconocerás tu continua necesidad de mí. Y cuando ores mi nombre, estarás realmente invocando mi mismo ser y yo responderé gozosamente a tu invitación *y me acercaré a ti*.

Me complazco en tu deseo de confiar en mí en momentos ordinarios como en los grandes acontecimientos de tu vida. Cuando susurres mi Nombre, yo responderé no solo atendiendo a tu necesidad sino también a tu amor. Al mirarme, *haré resplandecer mi rostro sobre ti* en radiante aprobación, iluminando tu día y ayudándote a sentirte seguro.

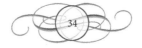

*De hecho, en ningún otro hay salvación, porque
no hay bajo el cielo otro nombre dado a los
hombres mediante el cual podamos ser salvos.*
HECHOS 4.12

Acérquense a Dios, y él se acercará a ustedes.
SANTIAGO 4.8

Y todo el que invoque el nombre del Señor será salvo.
HECHOS 2.21

*El Señor haga resplandecer su rostro sobre ti, y tenga de ti
misericordia; el Señor alce sobre ti su rostro y te dé paz.*
NÚMEROS 6.25, 26 (LBLA)

ESFORZARSE

En lugar de correr tras una meta, toma tiempo para hablar conmigo sobre ese asunto. Yo me doy cuenta de que esforzarse para lograr algo se produce casi tan naturalmente como respirar. Cuando un propósito controla tu atención, tú instinto es ir tras eso sin realmente pensarlo mucho. Puedes invertir una gran cantidad de tiempo y de energía en el esfuerzo para darte cuenta más tarde de que fue una persecución equivocada. Pero cuando te tomas el tiempo para discutir primero el asunto conmigo, experimentarás mucha más satisfacción.

Hay muchos beneficios en hablarme antes, durante y después de la búsqueda. *La luz de mi presencia* ilumina tu búsqueda de manera que puedes verla desde mi perspectiva. Al alinear tu perspectiva más con la mía, experimentarás un creciente deseo de complacerme. Este deseo produce beneficios que van mucho más allá de la tarea que tienes en tus manos; profundiza tu relación conmigo.

Si disciernes que tu búsqueda está de acuerdo con mi voluntad, entonces puede seguir adelante con toda confianza. Mientras trabajas en colaboración conmigo, continúa comunicándome sobre lo que estás haciendo. Y cuando hayas alcanzado la meta propuesta, agradéceme por mi ayuda y la dirección que te he dado. ¡Alégrate por lo que hemos conseguido juntos!

*Dichosos los que saben aclamarte, SEÑOR, y caminan
a la luz de tu presencia; los que todo el día se alegran
en tu nombre y se regocijan en tu justicia.*
SALMOS 89.15, 16

*El corazón humano genera muchos proyectos, pero
al final prevalecen los designios del SEÑOR.*
PROVERBIOS 19.21

*Encomienda al SEÑOR tu camino;
confía en él, y él actuará.*
SALMOS 37.5

Todo lo puedo en Cristo que me fortalece.
FILIPENSES 4.13

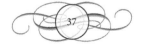

SU SUFICIENCIA

Yo te ofrezco un contentamiento piadoso: un estado de serenidad que fluye de confiar en mi gran
suficiencia. Te estoy enseñando a depender solo de mí
y a sentirte contento con lo que te proveo. Depender úni-
camente en mí es una manera de tener ricas bendiciones
aun cuando pudiera llevarte por experiencias que tú no
escogerías. Si de verdad estás contento con mi provisión
para ti —ahora y en el futuro— la ansiedad no te va a
afectar. En lugar de preocuparte de los «y si...» *tu corazón
estará firme y confiado en mí.*

Yo me doy cuenta de que este mundo está lleno de
mensajes que inducen al miedo. Diariamente, los repor-
tes de prensa pueden llenar tu mente con pensamientos
de pavor. La publicidad intencionalmente estimula la ansiedad y la inseguridad porque así pueden mostrar cómo
los productos que venden pueden ayudarte, traerte la
felicidad y hacerte vivir seguro. Para contrarrestar estos
mensajes nocivos, es esencial que ejerzas algún control
sobre tus pensamientos. Pídele al Espíritu Santo que te
ayude a pensar mis pensamientos. Cuanto más control
ejerce sobre tu mente, más experimentarás *vida y paz.*

Recuerda que *nada trajiste al mundo.* Todo lo que
tienes te lo he dado yo, incluyendo cada aliento que respiras. *Aunque nada puedes llevarte* de este mundo, la
transformación espiritual que estoy ejerciendo en ti es

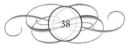

eterna. Colabora conmigo mientras te transformo a mi semejanza, y te preparo para el supremo contentamiento y felicidad: ¡el cielo!

Es cierto que con la verdadera religión se obtienen grandes ganancias, pero solo si uno está satisfecho con lo que tiene. Porque nada trajimos a este mundo, y nada podemos llevarnos.
1 TIMOTEO 6.6, 7

No temerá recibir malas noticias; su corazón estará firme, confiado en el SEÑOR.
SALMOS 112.7

La mentalidad pecaminosa es muerte, mientras que la mentalidad que proviene del Espíritu es vida y paz.
ROMANOS 8.6

ADVERSIDAD

NO IMPORTA QUÉ PRUEBAS SE PRESENTEN EN EL MUNDO, EN MÍ TÚ TIENES TODO LO QUE NECESITAS PARA VENCER. La desesperación es un pozo profundo, y a veces tú te tambaleas en sus bordes con muchas posibilidades de caer en él. Tu única esperanza en tales ocasiones es *fijar tu mirada en mí*. Cuanto más perplejo estás —desconcertado por circunstancias complejas— más fácil será que pierdas el balance. Para evitar que te caigas, debes cambiar tu enfoque: de tus circunstancias a mi presencia. Esto requiere un esfuerzo extenuante de tu parte porque no has aceptado plenamente las limitaciones de tu mente. Tu tendencia natural es mantenerte pensando en una situación difícil *ad nauseam*, tratando de descifrarla. Sin embargo, yo estoy siempre cerca, deseoso de ayudarte a cambiar tu enfoque una y otra vez.

Aunque te estén *atribulando en todo*, no tienes por qué dejarte exprimir por tus dificultades. No estás solo en estas batallas porque yo nunca te abandonaré. Incluso si algún golpe traicionero te derriba, no te destruirá. *Yo soy el Pastor que cuida de tu vida*, la parte de ti que es indestructible. *Yo te doy vida eterna, y nunca perecerás, ni nadie podrá arrebatarte de mi mano.*

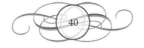

*Nos vemos atribulados en todo, pero no abatidos;
perplejos, pero no desesperados; perseguidos, pero
no abandonados; derribados, pero no destruidos.*
2 CORINTIOS 4.8, 9

*Fijemos la mirada en Jesús, el iniciador y perfeccionador
de nuestra fe, quien, por el gozo que le esperaba, soportó
la cruz, menospreciando la vergüenza que ella significaba,
y ahora está sentado a la derecha del trono de Dios.*
HEBREOS 12.2

*Antes eran ustedes como ovejas descarriadas, pero
ahora han vuelto al Pastor que cuida de sus vidas.*
1 PEDRO 2.25

*Yo les doy vida eterna, y nunca perecerán, ni
nadie podrá arrebatármelas de la mano.*
JUAN 10.28

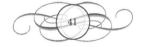

INTIMIDAD CON ÉL

TÚ TIENES EL INMENSO PRIVILEGIO DE CONOCERME ÍNTI-
MAMENTE, PERO ESTE PRIVILEGIO NO ES UNA INVITACIÓN
A COMPORTARTE COMO SI TÚ Y YO FUÉRAMOS IGUALES.
Yo quiero que me adores como *Rey de reyes* mientras ca-
minas tomado de mi mano.

Sé que no es fácil para ti encontrar ese equilibrio. Me
expuse a un gran riesgo cuando creé a la humanidad a mi
propia imagen. A ti te hice con la increíble habilidad de
reverenciarme y amarme libremente, sin coacción de ninguna especie. Con mi propia sangre pagué por tu libertad.
Este pago ha hecho posible que me conozcas, *el Rey de
reyes y Señor de señores.* Cuando uno de mis hijos se acerca a mí con un temor reverente, le abro mi corazón y le
ofrezco una íntima amistad. El gozo que compartimos no
puede medirse.

Sin embargo, de vez en cuando tú sobrepasas tus límites, olvidando quien soy. Me hablas descuidadamente
e incluso maliciosamente. Aunque nuestra intimidad se
ve afectada por tu actitud irreverente, mi amor por ti es
constante. Pero cuando recuerdas mi majestuosa presencia y regresas a mí arrepentido, no solo te perdono, sino
que me apresuro a reunirme contigo y estrecharte entre
mis brazos. Celebro contigo el gozo de estar juntos de
nuevo mientras vamos juntos por *la senda de la vida.*

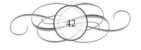

Que guardes este mandato sin mancha ni reproche hasta la venida de nuestro Señor Jesucristo, la cual Dios a su debido tiempo hará que se cumpla. Al único y bendito Soberano, Rey de reyes y Señor de señores.
1 TIMOTEO 6.14, 15

Ciertamente les aseguro que, antes de que Abraham naciera, ¡yo soy!
JUAN 8.58

Así que emprendió el viaje y se fue a su padre. Todavía estaba lejos cuando su padre lo vio y se compadeció de él; salió corriendo a su encuentro, lo abrazó y lo besó.
LUCAS 15.20

Me has dado a conocer la senda de la vida; me llenarás de alegría en tu presencia, y de dicha eterna a tu derecha.
SALMOS 16.11

QUEBRANTAMIENTO

¿TE SIENTES ANGUSTIADO Y SIN SABER QUÉ HACER, ATRA-
PADO EN TELARAÑAS DE DESALIENTO? Recoge las piezas
de tu corazón roto, esparcidas a tu alrededor, y tráelas a
mí. Colócalas en la tela de lino blanco que proveo, y espera en mi presencia sanadora. Mantente quieto en mi
luz santa mientras yo te libero de esas telarañas de desaliento. Mírame al rostro y observa el gran amor que te
tengo. Porque mi amor es ilimitado, mi compasión
jamás se agota. Cuando te sientas al borde de la derro-
ta, acuérdate de mi gran fidelidad: ¡nunca falla para ti!
Aunque tu desaliento sea real, mi presencia contigo es
aún más real. Quédate cerca de mí mientras yo trabajo
en reparar tu corazón roto. Por supuesto, tu corazón re-
parado no va a ser exactamente como era antes, pero en
algunos aspectos será mucho mejor. Tu corazón renovado, despojado de sus preciadas esperanzas, tendrá más
espacio para mí.

*El Espíritu del Señor [...] me ha enviado para
sanar los corazones heridos, a proclamar liberación
a los cautivos y libertad a los prisioneros.*
ISAÍAS 61.1

*Como dirigen los esclavos la mirada hacia la mano
de su amo, como dirige la esclava la mirada hacia la
mano de su ama, así dirigimos la mirada al Señor
nuestro Dios, hasta que nos muestre compasión.*
SALMOS 123.2

*El gran amor del Señor nunca se acaba, y su
compasión jamás se agota. Cada mañana se renuevan
sus bondades; ¡muy grande es su fidelidad!*
LAMENTACIONES 3.22, 23

*Crea en mí, oh Dios, un corazón limpio, y
renueva la firmeza de mi espíritu.*
SALMOS 51.10

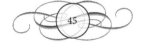

DESEARLO A ÉL

ESTOY FELIZ CONTIGO, HIJO MÍO. Aunque todavía eres una *obra en desarrollo*, tú deseas que te santifique, que te haga santo. *Mi sacrificio por los pecados* te hace eternamente perfecto desde el instante mismo en que confiaste en mí como tu Salvador. Este sacrificio fue perfecto porque *yo* soy perfecto y yo soy tu substituto en las cortes del cielo. Sin embargo, mientras vivas en este mundo, vives el *todavía no* del quebrantamiento, en ti y en todos los que te rodean. Esto explica el vacío que a menudo sientes al desear tanto tu perfección en santidad como tu hogar perfecto en el cielo.

La mejor manera de realzar mi obra santificadora en ti es amándome *con todo tu corazón y con toda tu alma y con todas tus fuerzas.* El rey David dio expresión a tal realce cuando brincó y *danzó ante mí con todo su poder.* A pesar de lo serio del pecado que cometió, David fue un *hombre conforme a mi corazón.*

En lugar de concentrar tu atención en todos los quebrantos que hay a tu alrededor, atiza las llamas de tu amor por mí. Aunque este amor sea como la vacilante llama de una candela, mi amor por ti es como un gran fuego en el bosque. Ven más y más a mi apasionada presencia, y mi Fuego santo encenderá en ti un ardor santo.

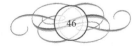

Pero este sacerdote, después de ofrecer por los pecados
un solo sacrificio para siempre, se sentó a la derecha de
Dios, en espera de que sus enemigos sean puestos por
estrado de sus pies. Porque con un solo sacrificio ha
hecho perfectos para siempre a los que está santificando.
HEBREOS 10.12-14

Ama al SEÑOR tu Dios con todo tu corazón y
con toda tu alma y con todas tus fuerzas.
DEUTERONOMIO 6.5

David y todo el pueblo de Israel danzaban ante
el SEÑOR con gran entusiasmo y cantaban al son
de arpas, liras, panderetas, sistros y címbalos.
2 SAMUEL 6.14

Tras destituir a Saúl, les puso por rey a David,
de quien dio este testimonio: «He encontrado en
David, hijo de Isaí, un hombre conforme a mi
corazón; él realizará todo lo que yo quiero».
HECHOS 13.22

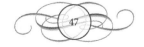

ORACIÓN

Cuando te sientas imposibilitado para orar, recuerda que el espíritu mismo intercede por ti con gemidos que no pueden expresarse con palabras. Algunas de tus oraciones que consideras frenéticas e ininteligibles son realmente bastante profundas. Brotan desde las profundidades de tu corazón y se van directamente al cielo. Para darles forma a estas oraciones, necesitas solo volverte a mí con las preocupaciones que cargan tu corazón.

Quiero que *pongas en mí tu esperanza mientras me esperas a mí, tu Salvador*. Espera expectante: confiado de que yo haré lo mejor. Cuanto más tienes que esperar, más debes depositar tu confianza en mí. Si comienzas a sentirte ansioso, busca mi ayuda con oraciones breves, tales como: «Jesús, lléname con tu Paz». Debes pronunciar estas breves oraciones tan a menudo como sea necesario. Al poner tu esperanza en mí, mi *gran amor te acompañará apaciblemente*.

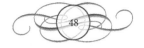

Así mismo, en nuestra debilidad el Espíritu acude a ayudarnos. No sabemos qué pedir, pero el Espíritu mismo intercede por nosotros con gemidos que no pueden expresarse con palabras. Y Dios, que examina los corazones, sabe cuál es la intención del Espíritu, porque el Espíritu intercede por los creyentes conforme a la voluntad de Dios.
ROMANOS 8.26, 27

Pero yo he puesto mi esperanza en el SEÑOR; yo espero en el Dios de mi salvación. ¡Mi Dios me escuchará!
MIQUEAS 7.7

Esperamos confiados en el SEÑOR; él es nuestro socorro y nuestro escudo. En él se regocija nuestro corazón, porque confiamos en su santo nombre. Que tu gran amor, SEÑOR, nos acompañe, tal como lo esperamos de ti.
SALMOS 33.20-22

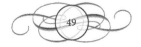

ESPERANZA

Mantente firme y paciente en el sufrimiento. La aflicción es un don largamente incomprendido entre mis hijos. Décadas de enseñar «salud y riqueza» han oscurecido los beneficios del sufrimiento. Como resultado, se ha infiltrado en la iglesia un punto de vista secular que desprecia el dolor y la pena.

Cuando las circunstancias dolorosas amenazan con desplomarte, yo te animo a que *te alegres y regocijes en esperanza*: a que *brinques gozosamente*. Aunque saltos físicos a veces resultan difíciles e incluso inapropiados, tu alma puede brincar en cualquier momento. Al levantar tu alma a mí en espera anticipada, mis lluvias de gozo caerán sobre ti y dentro de ti. Cuanto más expectante esperas en mi presencia, más abundantemente te podré bendecir. Una manera de aumentar esta operación es alzar ambos brazos hacia mí, como si estuvieras celebrando una gran victoria en tu vida. Esta acción expresa gozo superlativo y yo respondo llenando tu alma con *más* Gozo. Esto te pone en una espiral de gozo ascendente. Si quieres verbalizar tu júbilo, una de las mejores maneras es hablar, cantar o gritar: «¡Aleluya!».

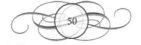

*Alégrense en la esperanza, muestren paciencia
en el sufrimiento, perseveren en la oración.*
ROMANOS 12.12

*Que el Dios de la esperanza los llene de toda alegría
y paz a ustedes que creen en él, para que rebosen
de esperanza por el poder del Espíritu Santo.*
ROMANOS 15.13

*Reconforta el espíritu de tu siervo,
porque a ti, Señor, elevo mi alma.*
SALMOS 86.4

*Después de esto oí en el cielo un tremendo bullicio, como
el de una inmensa multitud que exclamaba: «¡Aleluya!
La salvación, la gloria y el poder son de nuestro Dios…».*
APOCALIPSIS 19.1

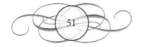

AGRADARLE A ÉL

UN DÍA EXITOSO ES AQUEL EN EL CUAL TE MANTIENES
EN CONTACTO CONMIGO, INCLUSO SI, AL FINAL DEL DÍA,
QUEDAN ALGUNAS COSAS SIN HACER. Suena como algo demasiado bueno para ser verdad, ¿no te parece? No tengo
dudas que raramente llegas al final del día sin un sentido
de fracaso en algún grado. Las varias formas y medidas
del «éxito» mundano te presionan constantemente, dejándote en una condición fragmentada y desenfocada.

Para evitar confusión, necesitas una regla de oro:
buscar complacerme. Cuando haces de comunicarte conmigo algo de alta prioridad, eso me complace. Cuanto
más comunicado estás conmigo a lo largo del día, más
y mejor andarás en mis caminos. La luz de mi presencia iluminará la senda que tienes delante de ti, haciendo
el pecado tanto obvio como aborrecible. Esta misma luz
satisface tu alma. Así que haz de este un día exitoso permaneciendo en comunicación conmigo.

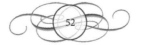

«Ama al Señor tu Dios con todo tu corazón, con todo tu
ser y con toda tu mente» —le respondió Jesús—. «Este es
el primero y el más importante de los mandamientos».
MATEO 22.37, 38

Ante ti has puesto nuestras iniquidades; a la luz
de tu presencia, nuestros pecados secretos.
SALMOS 90.8

«Deténganse en los caminos y miren; pregunten por los
senderos antiguos. Pregunten por el buen camino, y no
se aparten de él. Así hallarán el descanso anhelado».
JEREMÍAS 6.16

Mi alma quedará satisfecha como de un suculento
banquete, y con labios jubilosos te alabará mi boca.
SALMOS 63.5

PERSEVERANCIA

Mantén tus ojos en mí, y en la corona de vida que he prometido a los que me aman. Hay un sentido en el cual la vida sobre esta tierra es una competición de perseverancia. Puede ayudarte a ver tu vida de esta manera, porque entonces no te sorprenderán ni desalentarán las muchas pruebas con las que te encuentres. Sin embargo, yo proveo salpicaduras de placer aun en medio de tus experiencias más traumáticas. En medio de las muchas bendiciones que tengo para ti, el gozo de mi presencia está siempre al alcance de tu mano.

La *corona de vida* es similar a la corona con que se premiaba a los atletas vencedores en los tiempos bíblicos. Sin embargo, esos atletas competían para obtener una corona perecedera, una corona de algún vegetal; tú, en cambio, estarás recibiendo ¡una corona que durará para siempre! Cuando te sientas maltratado por las pruebas de la vida, recuerda la *corona de justicia* que está reservada para ti. Porque es mi justicia que te salva, esta recompensa eterna está absolutamente garantizada. He prometido darla a todos los que me aman y que anhelan mi regreso. Cuando yo, el *Buen Pastor* vuelva por ti, ¡recibirás la *corona de gloria que nunca se marchitará!*

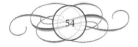

Dichoso el que resiste la tentación porque, al salir aprobado, recibirá la corona de la vida que Dios ha prometido a quienes lo aman.
SANTIAGO 1.12

Todos los deportistas se entrenan con mucha disciplina. Ellos lo hacen para obtener un premio que se echa a perder; nosotros, en cambio, por uno que dura para siempre.
1 CORINTIOS 9.25

Por lo demás me espera la corona de justicia que el Señor, el juez justo, me otorgará en aquel día; y no solo a mí, sino también a todos los que con amor hayan esperado su venida.
2 TIMOTEO 4.8

Así, cuando aparezca el Pastor supremo, ustedes recibirán la inmarcesible corona de gloria.
1 PEDRO 5.4

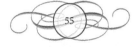

GRATITUD

Cada vez que me agradeces, estás reconociendo que soy tu Señor y tu proveedor. Y cada vez que recibes con agradecimiento, estás demostrando tu afinidad conmigo.

Aunque eres mi hijo y sabes que se supone que *debes dar gracia en toda circunstancia*, a veces tus palabras suenan huecas: puedes pronunciarlas sin sentir agradecimiento. Es especialmente difícil para ti ser agradecido en medio de un día malo, cuando pareciera que todo está saliendo al revés.

Yo sé lo que tu corazón está sintiendo mejor de lo que tú mismo sabes. Sé cuando estás agradecido y cuando no lo estás. Sin embargo, también puedo ver en las profundidades de tu corazón un deseo de agradarme dándome las gracias aun cuando no lo sientas.

Cuando te esfuerces por ser agradecido, detente y recuerda quien soy yo: *el autor de tu vida* y de tu fe. Tú eres absolutamente dependiente de mí para todo, incluyendo tu siguiente respiro. ¡Toda buena dádiva procede de mí! Cuando me das las gracias durante un día difícil, estás asumiendo la postura correcta de un hijo de Dios. Si perseveras en esta actitud de agradecimiento, resistiendo la tentación a refunfuñar, podrás encontrar gozo y paz en medio de tus tribulaciones.

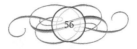

*Den gracias a Dios en toda situación, porque esta
es su voluntad para ustedes en Cristo Jesús.*
1 TESALONICENSES 5.18

*Mataron al autor de la vida, pero Dios lo levantó de
entre los muertos, y de eso nosotros somos testigos.*
HECHOS 3.15

*Toda buena dádiva y todo don perfecto descienden
de lo alto, donde está el Padre que creó las
lumbreras celestes, y que no cambia como los
astros ni se mueve como las sombras.*
SANTIAGO 1.17

*Así que nosotros, que estamos recibiendo
un reino inconmovible, seamos agradecidos.
Inspirados por esta gratitud, adoremos a Dios
como a él le agrada, con temor reverente.*
HEBREOS 12.28

DEBILIDAD

DAME GRACIAS POR TU DEBILIDAD. Mejor aún, *alardea con alegría por tu debilidad*. Alardear puede ser bueno o malo, dependiendo del objeto que lo provoca. Las personas que se jactan de su sabiduría, fuerza o riqueza me son ofensivas. David estaba en la posición correcta cuando escribió acerca de que su alma *se gloriaba en el SEÑOR*. Yo quiero que expreses orgullo en mí, así como el hijo de un buen padre hace alarde de lo grande y fuerte que es su papá.

Las personas que son más conscientes de su debilidad son menos proclives a alardear de ellos mismos. Sin embargo, son *más* vulnerables a otras tentaciones: complaciéndose en la autocompasión y en quejarse. Por eso, es esencial que los débiles se jacten en mí, regocijándose en quien YO SOY.

Los niños tienden a sentirse bien cuando fanfarronean acerca de sus padres. De igual manera, tú te puedes sentir contento cuando presumes sobre mí; ¡*proclamando orgullosamente mis alabanzas!* El ser consciente de tus debilidades profundiza tu dependencia de mí y te ayuda a conocerme más plenamente. Así que, puedes sentirte contento sobre estas aflicciones que han bendecido tu relación conmigo. Al alegrarte en tus debilidades te estarás abriendo a mi poder. Deja que este poder sagrado repose sobre ti, desplegando mi deleite en ti.

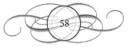

Pero él me dijo: «Te basta con mi gracia, pues mi poder se perfecciona en la debilidad». Por lo tanto, gustosamente haré más bien alarde de mis debilidades, para que permanezca sobre mí el poder de Cristo.
2 CORINTIOS 12.9

Así dice el SEÑOR: «Que no se gloríe el sabio de su sabiduría, ni el poderoso de su poder, ni el rico de su riqueza. Si alguien ha de gloriarse, que se gloríe de conocerme y de comprender que yo soy el SEÑOR, que actúo en la tierra con amor, con derecho y justicia, pues es lo que a mí me agrada —afirma el SEÑOR—.
JEREMÍAS 9.23, 24

Mi alma se gloría en el SEÑOR; lo oirán los humildes y se alegrarán.
SALMOS 34.2

Pero ustedes son linaje escogido, real sacerdocio, nación santa, pueblo que pertenece a Dios, para que proclamen las obras maravillosas de aquel que los llamó de las tinieblas a su luz admirable.
1 PEDRO 2.9

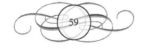

SU AMOR

Nada puede separarte de mi amor. Cuando tú confiaste en mí como tu Salvador, yo me uní a ti en un matrimonio eterno. Muchas cosas amenazan con romper este vínculo sagrado: principados y potestades, personas controladoras, circunstancias horribles, pero nada lo puede conseguir, ni siquiera la muerte. De hecho, morir te abre el camino a un disfrute extático conmigo: exponencialmente mejor que tu mejor momento en la tierra.

Yo personifico no solo el amor perfecto, sino también *toda la plenitud de la Deidad*. En mí tú tienes todo lo que necesitas. Cualquier sentimiento de vacío puede servir como señal, recordándote que debes volver a mí. No importa lo que estés haciendo, yo puedo ser un coparticipante contigo. A medida que me invitas a más y más aspectos de tu vida, vas a descubrir un gozo creciente dentro de ti. En tiempos de adversidad puedes descansar en mí; en tiempos de alegría, puedes celebrar conmigo. Yo estoy tan cerca como una oración musitada; e incluso más cerca. *Mi bandera sobre ti es amor.*

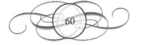

Pues estoy convencido de que ni la muerte ni la vida, ni los ángeles ni los demonios, ni lo presente ni lo por venir, ni los poderes, ni lo alto ni lo profundo, ni cosa alguna en toda la creación podrá apartarnos del amor que Dios nos ha manifestado en Cristo Jesús nuestro Señor.

ROMANOS 8.38, 39

El SEÑOR está cerca de quienes lo invocan, de quienes lo invocan en verdad.

SALMOS 145.18

Toda la plenitud de la divinidad habita en forma corporal en Cristo.

COLOSENSES 2.9

Me llevó a la sala del banquete, y sobre mí enarboló su bandera de amor.

CANTAR DE LOS CANTARES 2.4

PERMANECER EN ÉL

Yo me deleito en tu deseo de querer vivir firmemente en mi presencia, como si fueras un árbol plantado cerca de mí. Sin embargo, a diferencia de un árbol que no puede moverse del lugar donde está plantado, cada momento tú puedes decidir estar cerca de mí, o no. Aunque yo nunca te dejo solo, tú puedes «irte», olvidando que yo estoy contigo. Cuando tal cosa ocurre, empiezas a buscar formas de reforzar tus propios recursos. También tiendes a huir de los desafíos que yo pongo en tu vida.

Mi Espíritu, que vive en ti, no te abandonará en esta condición comprometedora. En lugar de eso, te ayudará a recordar quién eres y de Quién eres. ¡Tú me perteneces! Retornar a mí no es una empresa complicada. Simplemente afirma tu confianza en mi amor *inagotable*. Al reconectarte así conmigo, mi amor te lavará, te purificará, te refrescará y te llenará. No importa las veces que te olvides de mí, mi amor por ti jamás fallará. Desarróllate fuerte en este amor constante y nutritivo.

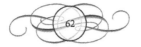

*Pero yo soy como un olivo verde que florece
en la casa de Dios; yo confío en el gran amor
de Dios eternamente y para siempre.*
SALMOS 52.8

*Sean fuertes y valientes. No teman ni se asusten ante
esas naciones, pues el SEÑOR su Dios siempre los
acompañará; nunca los dejará ni los abandonará».*
DEUTERONOMIO 31.6

*Así mismo, en nuestra debilidad el Espíritu acude
a ayudarnos. No sabemos qué pedir, pero el
Espíritu mismo intercede por nosotros con gemidos
que no pueden expresarse con palabras.*
ROMANOS 8.26

*En fin, que conozcan ese amor que sobrepasa nuestro
conocimiento, para que sean llenos de la plenitud de Dios.*
EFESIOS 3.19

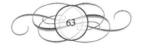

SU PRESENCIA

YO SOY EMANUEL —DIOS CONTIGO— UNA AYUDA SIEMPRE PRESENTE EN TUS TRIBULACIONES. No importa qué pudo haber ocurrido, yo soy suficiente para proveer lo que sea que necesites. En lugar de imaginarte cómo podrías responder a cosas terribles que podrías experimentar, vuelve tu mente al presente y busca refugio en mi presencia. Yo soy muy parecido a una gallina madre, ansioso por cubrirte con mis alas protectoras. Y mientras te acurrucas *bajo mis alas,* no solo habrás *encontrado refugio,* sino que también habrás descubierto una creciente habilidad para confiar en mí. Es pegado a mí que podrás darte cuenta de cuán confiable soy.

Recuerda que yo soy tanto *tu Roca como tu Redentor.* Aunque soy inexpugnable en mi enorme fuerza, me hice vulnerable para poderte redimir de tus pecados. Cuanto más te refugias en mí, más consciente estarás de mi rebosante amor. ¡En mí hay seguridad absoluta porque yo soy la Roca del amor eterno!

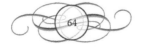

Dios es nuestro amparo y nuestra fortaleza, nuestra
ayuda segura en momentos de angustia. Por eso,
no temeremos aunque se desmorone la tierra y
las montañas se hundan en el fondo del mar.
SALMOS 46.1, 2

«¡Jerusalén, Jerusalén, que matas a los profetas
y apedreas a los que se te envían! ¡Cuántas veces
quise reunir a tus hijos, como reúne la gallina a sus
pollitos debajo de sus alas, pero no quisiste!»
MATEO 23.37

Pues te cubrirá con sus plumas y bajo sus alas hallarás
refugio. ¡Su verdad será tu escudo y tu baluarte!
SALMOS 91.4

Sean, pues, aceptables ante ti mis palabras y mis
pensamientos, oh SEÑOR, roca mía y redentor mío.
SALMOS 19.14

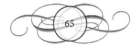

CONDENACIÓN

TE ASEGURO QUE NO HAY CONDENACIÓN PARA LOS QUE ME PERTENECEN. Tú crees que yo te he liberado de la maldición de tus pecados mediante mi muerte en la cruz, pero sigues luchando contra sentimientos de condenación. Anhelas tener la experiencia de una total liberación que yo he hecho posible y mi Espíritu puede ayudarte con esto.

Pídele al Espíritu Santo que te ayude a encontrar libertad de sentimientos de acusación. Reconoce que estos sentimientos no tienen base en la realidad. Luego, entonces, mírame a través de los ojos de la fe. Deléitate en mi sonrisa celestial de aprobación. Cuanto más conectado estés conmigo enfocado en mi presencia, más podrás recibir mi amorosa afirmación. El mejor antídoto contra los sentimientos de condenación es experimentar mi amor por ti.

También puedes pelear contra los sentimientos de condenación meditando en las verdades del evangelio. El diablo es *el padre de las mentiras* y se especializa en engañar. Confronta sus mentiras infernales con la verdad bíblica.

Finalmente, recuerda que mi Espíritu es *el Espíritu de vida*. Los sentimientos de condenación te quitan tu energía dejándote vulnerable. Al llenarte mi Espíritu con vida, estás recibiendo suficiente poder para vivir abundantemente. *Al máximo.*

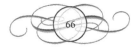

Por lo tanto, ya no hay ninguna condenación
para los que están unidos a Cristo Jesús, pues
por medio de él la ley del Espíritu de vida me ha
liberado de la ley del pecado y de la muerte.
ROMANOS 8.1, 2

Esta es la oración al Dios de mi vida: que de día el SEÑOR
mande su amor, y de noche su canto me acompañe.
SALMOS 42.8

Ustedes son de su padre, el diablo, cuyos deseos quieren
cumplir. Desde el principio este ha sido un asesino, y
no se mantiene en la verdad, porque no hay verdad
en él. Cuando miente, expresa su propia naturaleza,
porque es un mentiroso. ¡Es el padre de la mentira!
JUAN 8.44

El ladrón no viene más que a robar, matar
y destruir; yo he venido para que tengan
vida, y la tengan en abundancia.
JUAN 10.10

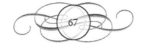

DEPENDER DE ÉL

TEN CUIDADO CON DIVIDIR TU VIDA EN COSAS QUE PUE-
DES HACER POR TI MISMO Y COSAS QUE REQUIEREN DE MI
AYUDA. La verdad es, *todo* lo que hagas —incluso respirar— involucra mi asistencia. *Yo sustento todas las cosas
por el poder de mi Palabra.* Así es que reconocer tu absoluta dependencia de mí provee un fuerte fundamento sobre
el cual podrás hacer lo que sea *entusiastamente desde el
alma misma.*

Cuando haces algunas cosas rutinarias para mí,
adquieren importancia e incluso cierto brillo. Tus esfuerzos llegan a ser una forma de expresar tu amor por mí.
Cuanto más me amas, más podrás disfrutar haciendo tareas para mí. Yo estoy menos preocupado por el resultado
de tu trabajo que por la actitud de tu corazón. Cuando
tu más profundo motivo es complacerme, yo considero
bueno lo que haces.

Tus mejores esfuerzos son los que emanan de tu
alma, donde yo vivo en íntima unión contigo. Cuando
no solo dedicas tus esfuerzos a mí, sino que te mantienes
buscándome para que te ayude, tu alma está totalmente
comprometida. Experimentas la emoción de ver mi trabajo a través de ti. Esta forma colaborativa de hacer las
cosas es efectiva y excitante; también es profundamente
satisfactoria: para ti *y* para mí.

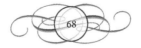

El Hijo es el resplandor de la gloria de Dios, la fiel imagen de lo que él es, y el que sostiene todas las cosas con su palabra poderosa. Después de llevar a cabo la purificación de los pecados, se sentó a la derecha de la Majestad en las alturas.

HEBREOS 1.3

Hagan lo que hagan, trabajen de buena gana, como para el Señor y no como para nadie en este mundo.

COLOSENSES 3.23

Para que vivan de manera digna del Señor, agradándole en todo. Esto implica dar fruto en toda buena obra, crecer en el conocimiento de Dios.

COLOSENSES 1.10

Y esfuércense por cumplir fielmente el mandamiento y la ley que les ordenó Moisés, siervo del SEÑOR: amen al SEÑOR su Dios, condúzcanse de acuerdo con su voluntad, obedezcan sus mandamientos, manténganse unidos firmemente a él y sírvanle de todo corazón y con todo su ser.

JOSUÉ 22.5

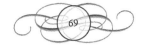

CIELO

¡Mi reino no puede ser conmovido! Este presente mundo parece estar siendo conmovido más y más, dejándote muchas veces fuera de balance. Al adorarme, sin embargo, tu perspectiva cambia y tú recuperas el balance. Para *adorarme en forma aceptable, con reverencia y temor*, la gratitud es esencial. Yo te diseñé para que seas *agradecido* sobre una base diaria, momento tras momento. Necesitas resistir la tentación a regañar cuando las cosas no salen como quisieras. Recuerda que yo, tu Dios, soy un *fuego consumidor*. Si me vieras en toda mi gloria, te sobrecogería tanto temor que ni siquiera te atreverías a proferir incluso el más mínimo lamento.

Mi reino inconmovible es para todos los que me aman, que me conocen como su Salvador. Este reino eterno consiste de cosas que *ojos no han visto ni oídos han oído, ni mente ha concebido*. Yo he preparado deleites maravillosos e infinitos *para los que me aman*. Además, al final de los tiempos, *volveré y te llevaré para que estés conmigo donde yo estoy*. Deja que estas promesas preciosas enciendan tu gratitud, hasta que fulgures con mi presencia viva, alumbrando en forma brillante en este mundo de oscuridad.

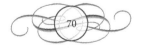

*Así que nosotros, que estamos recibiendo un reino
inconmovible, seamos agradecidos. Inspirados por esta
gratitud, adoremos a Dios como a él le agrada, con temor
reverente, porque nuestro «Dios es fuego consumidor».*
HEBREOS 12.28, 29

*A los ojos de los israelitas, la gloria del SEÑOR en la
cumbre del monte parecía un fuego consumidor.*
ÉXODO 24.17

*Sin embargo, como está escrito: «Ningún ojo
ha visto, ningún oído ha escuchado, ninguna
mente humana ha concebido lo que Dios
ha preparado para quienes lo aman».*
1 CORINTIOS 2.9

*Y, si me voy y se lo preparo, vendré para llevármelos
conmigo. Así ustedes estarán donde yo esté.*
JUAN 14.3

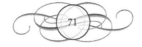

PRUEBAS

Considérate muy dichoso cuando tengas que enfrentar diversas pruebas. Es posible que puedas *considerar* algo como una dichosa oportunidad incluso cuando te sientas triste. Algunas definiciones de «considerar» son: «pensar seriamente acerca de algo; observar cómo; creer después de reflexionar». Es posible que necesites sopesar tus circunstancias detenidamente antes de que puedas verlas desde una perspectiva positiva. Necesitarás darte tiempo para que tus sentimientos se asienten. No es fácil pensar claramente con altos niveles de emociones surgiendo en tu cerebro. Una vez que te hayas tranquilizado, podrás pensar seriamente sobre la situación. Invítame a participar en este proceso de pensamiento y mi presencia mejorará tu perspectiva, ayudándote a ver tus pruebas a la luz de la eternidad.

Cuando veas tus circunstancias desde mi perspectiva, podrás entender que esos múltiples problemas están *poniendo a prueba tu fe*. Esto es tanto una oportunidad (para fortalecer tu fe) como una tentación (para dejar que tus sentimientos «se sobrepongan» a tu fe).

Una de las cosas más complicadas sobre las pruebas es la incertidumbre sobre cuánto durarán. Por lo general, no se puede predecir o controlar las circunstancias desagradables. Tendrás que vivir con ellas indefinidamente. Habrá momentos en que te parecerá que ya

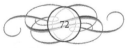

no puedes aguantar más, pero siempre puedes venir a mí buscando ayuda. Al adherirte a mí momento tras momento, yo te capacitaré para que perseveres. Esto producirá en ti no solo perseverancia, sino también una *cosecha de justicia y paz.*

Hermanos míos, considérense muy dichosos cuando tengan que enfrentarse con diversas pruebas, pues ya saben que la prueba de su fe produce constancia.
SANTIAGO 1.2, 3

—Para los hombres es imposible —aclaró Jesús, mirándolos fijamente—, mas para Dios todo es posible.
MATEO 19.26

Ciertamente, ninguna disciplina, en el momento de recibirla, parece agradable, sino más bien penosa; sin embargo, después produce una cosecha de justicia y paz para quienes han sido entrenados por ella.
HEBREOS 12.11

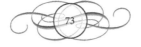

PREOCUPACIÓN

Echa tu ansiedad sobre mí. A menos que la manejes apropiadamente, la ansiedad puede ser tóxica, tanto para ti como para otros. No basta con que te liberes de ella. Debes proyectarla enérgicamente lejos de ti, hacia mí. Piensa en el siguiente ejemplo: si accidentalmente quitas la anilla de seguridad de una granada, no te vas a quedar con ella en la mano ni la vas a poner suavemente a tus pies. Tampoco se la vas a pasar a otra persona. La vas a lanzar rápidamente lo más lejos posible de ti o de otros. Cuando *echas tu ansiedad sobre mí*, yo me hago cargo de ella, de manera que no cause daño a nadie. De hecho, me deleito haciendo esto porque *yo me preocupo* de ti compasivamente.

Desde la Caída, las emociones humanas han estado fuera de su centro. Con frecuencia, la gente soporta situaciones dolorosas sin darse cuenta de qué es lo que las está produciendo. O guarda sus emociones pretendiendo que todo está bien cuando no lo está. Yo te animo a que *practiques el dominio propio y te mantengas alerta* para poder identificar sentimientos hirientes y me los confieses a mí. Pídele al Espíritu Santo que te ayude con esto. Al dejar que él trabaje dentro de ti, tus sentimientos de ansiedad se calmarán. Mi Espíritu puede llevar a cabo cambios santos en ti, produciendo amor, *gozo, paz… y dominio propio*.

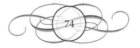

Depositen en él toda ansiedad, porque él cuida de ustedes.
Practiquen el dominio propio y manténganse alerta.
1 PEDRO 5.7, 8

Ustedes los cielos, ¡griten de alegría! Tierra, ¡regocíjate!
Montañas, ¡prorrumpan en canciones! Porque el SEÑOR
consuela a su pueblo y tiene compasión de sus pobres.
ISAÍAS 49.13

Sin embargo, ustedes no viven según la naturaleza
pecaminosa, sino según el Espíritu, si es que el
Espíritu de Dios vive en ustedes. Y, si alguno no
tiene el Espíritu de Cristo, no es de Cristo.
ROMANOS 8.9

En cambio, el fruto del Espíritu es amor, alegría, paz,
paciencia, amabilidad, bondad, fidelidad, humildad y
dominio propio. No hay ley que condene estas cosas.
GÁLATAS 5.22, 23

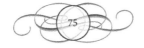

TRANSFORMACIÓN

VEN A MÍ TAL COMO ESTÁS. *Te daré un nuevo corazón y pondré un nuevo espíritu dentro de ti.* Yo estoy consciente de los muchos pequeños guijarros que afectan la belleza de tu corazón. Confía en mí que puedo hacer lo que tú no puedes; quitar esos guijarros uno por uno. No esperes que este trabajo que haré en ti sea sin dolor. La cirugía del corazón es algo serio, y siempre implica dolor. Muchas de las experiencias duras que has tenido han sido, sin tú saberlo, las expertas operaciones en tu corazón. Cuando estés pasando por tiempos difíciles, dirígete a mí con una sonrisa alegre y agradéceme por la renovación que estoy haciendo en ti. Este acto de fe no detiene automáticamente el sufrimiento, pero da sentido a tu sufrimiento. Asómbrate por la maravilla de ser *una nueva creación, injertado en mí, el Mesías.* Has sido liberado para siempre de la condenatoria *ley del pecado y la muerte.* Puedes regocijarte en esta gloriosa verdad aun mientras estés en medio de angustiosos sufrimientos. Ya que yo soy el Creador de todo lo que existe y tú has sido hecho a mi imagen, tienes en ti una riqueza de poderes originales. Esmérate por enfrentar tus circunstancias desde una perspectiva fresca: deseoso de colaborar conmigo mientras yo creo algo nuevo dentro de ti y a través de ti. Aunque yo soy Señor del universo, deseo trabajar en colaboración contigo. Al decir que sí a esta

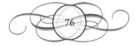

aventura sagrada, llegarás a ser más plenamente aquel que yo diseñé para que fueras.

*Les daré un nuevo corazón, y les infundiré un
espíritu nuevo; les quitaré ese corazón de piedra que
ahora tienen, y les pondré un corazón de carne.*
EZEQUIEL 36.26

*Por lo tanto, si alguno está en Cristo, es una nueva
creación. ¡Lo viejo ha pasado, ha llegado ya lo nuevo!*
2 CORINTIOS 5.17

*Por lo tanto, ya no hay ninguna condenación
para los que están unidos a Cristo Jesús, pues
por medio de él la ley del Espíritu de vida me ha
liberado de la ley del pecado y de la muerte.*
ROMANOS 8.1, 2

*En estos días finales nos ha hablado por medio
de su Hijo. A este lo designó heredero de todo,
y por medio de él hizo el universo.*
HEBREOS 1.2

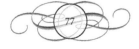

SU SUFICIENCIA

Yo te entiendo perfectamente y te amo eternamente. Es tu alma que yo amo más que tu apariencia o tu
comportamiento. A veces te sientes tan insatisfecho con
tu apariencia como con tu comportamiento que ambos
acaparan toda tu atención. Para liberarte de esta preocupación, relájate en mi amorosa presencia y deja que la
luz de mi amor inunde tu ser entero. Relájate mientras yo
hago masajes en tus pensamientos y en tus sentires con lo
cual te estaré ayudando a cambiar tu enfoque de ti a mí.
Recuerda que yo te creé para que me conocieras; para que
te alegraras conmigo y para que centraras tu vida en mí.
Quédate quieto, reconoce que yo soy Dios.

El mundo está lleno de ídolos, cosas a las que te vuelves cuando deseas sentirte mejor: comida, entretenciones,
ejercicio, dominar algo o a alguien. Sin embargo, ninguna
de estas cosas puede mitigar la sed de tu alma, la cual sus-
pira solo por mí. Ídolos sustitutos pueden enmascarar tu
apetito por mí más que nada mediante distracciones, pero
jamás satisfarán el anhelo de tu alma. Cuando sientas que
esa sensación empieza a corroer tu alma, vuélvete a mí. *Tu
alma quedará satisfecha como de un suculento banquete.*

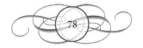

Aunque cambien de lugar las montañas y se tambaleen las colinas, no cambiará mi fiel amor por ti ni vacilará mi pacto de paz, —dice el SEÑOR, que de ti se compadece—.
ISAÍAS 54.10

«Quédense quietos, reconozcan que yo soy Dios. ¡Yo seré exaltado entre las naciones! ¡Yo seré enaltecido en la tierra!».
SALMOS 46.10

Oh Dios, tú eres mi Dios; yo te busco intensamente. Mi alma tiene sed de ti; todo mi ser te anhela, cual tierra seca, extenuada y sedienta. Te he visto en el santuario y he contemplado tu poder y tu gloria. Tu amor es mejor que la vida; por eso mis labios te alabarán. Te bendeciré mientras viva, y alzando mis manos te invocaré. Mi alma quedará satisfecha como de un suculento banquete, y con labios jubilosos te alabará mi boca.
SALMOS 63.1-5

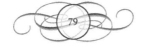

RENOVACIÓN DE LA MENTE

UN CORAZÓN ALEGRE ES BUENA MEDICINA, Y UNA MENTE ALEGRE PRODUCE SANIDAD. Tú puedes pensar que necesitas experimentar *primero* la sanidad para que tu corazón y tu mente se pongan contentos. Pero no es así, porque tienes dentro de ti una poderosa fuente de felicidad: ¡el Espíritu Santo! Él puede darte el poder para vivir por encima de tus circunstancias. Cuando tu corazón empiece a afligirte, pídele que te lo llene de alegría esperanzadora. Él se siente feliz en hacerlo en la medida que confías en su cuidado.

Tu corazón y tu mente están íntimamente conectados. Es imposible tener un corazón lleno de felicidad cuando tu mente está colmada de pensamientos negativos. Abandonada a sí misma, tu mente puede llegar a ser «taller de Satanás» tratando de alejarte de mí. Esta es la razón por la que necesitas ejercer control sobre tus pensamientos. Pídele al Espíritu Santo que te ayude; invítalo a que controle tu mente. Analiza tus pensamientos bajo su luz santa y rechaza aquellos que no corresponden a los pensamientos de un hijo del Rey.

Yo te ayudaré a reemplazar mentiras y medias verdades con la verdad absoluta. Al refrescar tu mente con promesas de mi amor constante y el hogar eterno que te espera, la luz celestial brillará poderosamente en tu corazón. Disfruta de esta acogedora luz mientras mi presencia sanadora te impregna profundamente, ¡hasta los mismos huesos!

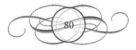

*Gran remedio es el corazón alegre, pero
el ánimo decaído seca los huesos.*
PROVERBIOS 17.22

*Y yo le pediré al Padre, y él les dará otro
Consolador para que los acompañe siempre.*
JUAN 14.16

*La mentalidad pecaminosa es muerte, mientras que la
mentalidad que proviene del Espíritu es vida y paz.*
ROMANOS 8.6

*En el hogar de mi Padre hay muchas viviendas;
si no fuera así, ya se lo habría dicho a
ustedes. Voy a prepararles un lugar.*
JUAN 14.2

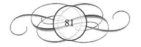

EL FUTURO

Yo puedo adaptar cualquiera cosa en mi majestuoso plan para bien, incluyendo las cosas que tú quisieras que fueran diferentes. Cómo desearías ver esto, aunque no lo entenderías si te lo mostrara.

Tu situación actual la sientes como un gigantesco error, algo que pudiste haber previsto. Te animo a que no te complazcas con la obsesión de lo que pudiste haber hecho en forma diferente porque eso es un ejercicio fuera de la realidad: el pasado no puede ser diferente de lo que realmente ocurrió. Yo quiero ayudarte a que, en lugar de eso, te des un nuevo comienzo, iniciándolo en el punto en que te encuentras.

AHORA es el único lugar para un nuevo comienzo: es la única intersección de tiempo y espacio en la que en este momento vives, y es en ese punto de espacio-tiempo donde trato de que vivas. Algunas cosas —en realidad muchas cosas— pueden estar más allá de ti; no obstante, eres capaz de vivir gozosamente en el presente. Después de todo, en este mismo momento tú estás comunicado conmigo, tu Salvador y Señor. También puedes manejar el momento siguiente, cuando llegue, y el siguiente.

Lo que te parece más difícil de aceptar es la forma en que ves el futuro cuando basas tus predicciones sobre circunstancias del momento. Pero el futuro es una de esas *cosas secretas* que están más allá de tu control. Deja eso

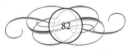

a mí, el Dueño verdadero. Si rehúsas preocuparte por el futuro encontrarás que tus recursos para el día de hoy son más que suficientes. Recuerda que yo soy parte de esos recursos, *¡y nada es imposible para mí!*

Ahora bien, sabemos que Dios dispone todas las cosas para el bien de quienes lo aman, los que han sido llamados de acuerdo con su propósito.
ROMANOS 8.28

Lo secreto le pertenece al SEÑOR nuestro Dios, pero lo revelado nos pertenece a nosotros y a nuestros hijos para siempre, para que obedezcamos todas las palabras de esta ley.
DEUTERONOMIO 29.29

Porque para Dios no hay nada imposible.
LUCAS 1.37

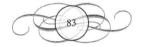

DEPENDER DE ÉL

YO ESTOY CONSTANTEMENTE CONSCIENTE DE TUS PENSAMIENTOS. A veces tu mente crea tantos planes que llegan a confundirse unos con otros. Cuanto más te complaces en un planeamiento obsesivo, menos consciente estarás de mi presencia. Aunque creas que eres tú quien *planifica tu camino*, la verdad es que soy yo el único que *dirige tus pasos*. Sin embargo, tú puedes escoger el camino difícil (ignorándome) o el camino fácil (acogiéndote a mi voluntad). Da gracias por la confusión mental que ocurre cuando llevas al extremo el concentrarte en la multitud de tus planes. Eso te puede ayudar a detenerte y a reírte de ti mismo. La respuesta más importante, sin embargo, es que te vuelvas *prontamente* a mí, ahorrando tiempo valioso y energía.

Al confiar tus preocupaciones a mí, yo las recibo bajo mi cuidado y custodia. Esto aligerará tu carga y te ayudará a moverte con más fuerza hacia adelante en dependencia de mí. No te garantizo un camino libre de problemas, pero sí te prometo que le daré sentido a tu vida. *Te instruiré, y te mostraré el camino que debes seguir; yo te daré consejos y velaré por ti*. Atesora mi enseñanza en tu corazón, pero no son tus planes, sino *mis designios los que prevalecerán*.

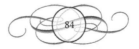

*El corazón del hombre traza su rumbo,
pero sus pasos los dirige el SEÑOR.*
PROVERBIOS 16.9

*SEÑOR, yo sé que el hombre no es dueño de su destino,
que no le es dado al caminante dirigir sus propios pasos.*
JEREMÍAS 10.23

*El SEÑOR dice: «Yo te instruiré, yo te mostraré el camino
que debes seguir; yo te daré consejos y velaré por ti».*
SALMOS 32.8

*El corazón humano genera muchos proyectos, pero
al final prevalecen los designios del SEÑOR.*
PROVERBIOS 19.21

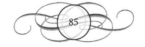

VACÍO

Ven a mí con tu dolorosa vacuidad. Pasa tiempo conmigo, así yo podré llenarte con gozo en mi presencia. Yo te hice como un ser dependiente, con necesidad de muchos recursos que están fuera de ti: aire, comida, agua, casa, vestuario y otras cosas. Desde hace mucho tiempo, la humanidad ha reconocido estas necesidades básicas. Sin embargo, aun cuando tales necesidades les han sido provistas plenamente, hay algo vital que ha olvidado: una relación viva conmigo. Yo soy el único que puede satisfacer el hambre de tu alma. Ábreme tu corazón y tu alma y deja que la abundancia gozosa de mi presencia fluya en ti.

Dado a que yo soy *el mismo ayer y hoy y por los siglos*, nunca habrá un momento en que no me encuentres. Es muy importante no solo conocer esta verdad, sino también creerla de todo corazón. Cada vez que te sientas vacío, *acércate confiadamente a mi trono de la gracia*. Derrámame tu corazón y déjame que te ayude. Confiésame no solo tu necesidad, sino también las formas idolátricas con que has tratado de satisfacer tus necesidades. Coopera conmigo mientras limpio tu corazón de los ídolos. Luego, levanta tus manos vacías de fe para que puedas recibir todo lo que tengo para ti. Y así podrás disfrutar de las muchas bendiciones mientras todavía vives en este mundo tan profundamente caído. Este disfrute

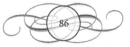

sería nada más que un anticipo de los goces sin fin que
tengo reservados para ti en el paraíso.

*Me has dado a conocer la senda de la vida; me llenarás de
alegría en tu presencia, y de dicha eterna a tu derecha.*
SALMOS 16.11

*Mi alma quedará satisfecha como de un suculento
banquete, y con labios jubilosos te alabará mi boca.*
SALMOS 63.5

Jesucristo es el mismo ayer y hoy y por los siglos.
HEBREOS 13.8

*Así que acerquémonos confiadamente al trono de la
gracia para recibir misericordia y hallar la gracia que
nos ayude en el momento que más la necesitemos.*
HEBREOS 4.16

DESEARLO A ÉL

Me buscarás y me encontrarás cuando me busques de todo corazón. Yo conozco todas tus debilidades y sé que buscarme de todo corazón requiere de ti un esfuerzo grande y persistente. Entiendo todos los quebrantos que experimentas tanto en tu vida íntima como a tu alrededor. Lo dislocado de este mundo y tus pensamientos que no paran te distraen fácilmente. Yo no espero perfección en la búsqueda que haces de mí; en realidad, no me preocupa tanto eso como el esfuerzo que haces al buscarme; eso es lo que me complace. Solo pensar en buscarme ya es difícil.

En realidad, la agonía que experimentas en esta búsqueda te bendice. Al esforzarte para encontrarme, toda tu atención está centrada en mí. Mientras haces camino para encontrarme a través de tantas distracciones, tu consciencia de mí aumenta. Incluso si no te *sientes* cerca de mí, te das cuenta de que estás comunicado conmigo. Así, hay un sentido en el cual tus esfuerzos para hallarme se autosatisfacen. Yo estoy ricamente presente en tu esfuerzo. Como resultado, te sientes reanimado, más sólido y más real cuando me buscas con toda tu intención.

Tu disposición de derramarte en esta búsqueda deleita mi corazón. Todo esto implica perseverancia. Mientras sigas buscándome, estarás en el camino correcto. Mi presencia se mueve continuamente ante ti, preocupándome de que no te estanques al tiempo que te voy indicando el

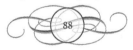

camino que tienes por delante. No obstante, las dificultades del arduo camino por el que vas, tu éxito es seguro: *¡Me dejaré encontrar!*

Me buscarán y me encontrarán cuando me busquen de todo corazón. Me dejaré encontrar —afirma el Señor...
JEREMÍAS 29.13, 14

Por tanto, también nosotros, que estamos rodeados de una multitud tan grande de testigos, despojémonos del lastre que nos estorba, en especial del pecado que nos asedia, y corramos con perseverancia la carrera que tenemos por delante.
HEBREOS 12.1

Y no solo en esto, sino también en nuestros sufrimientos, porque sabemos que el sufrimiento produce perseverancia...
ROMANOS 5.3

Precisamente por eso, esfuércense por añadir a su fe, virtud; a su virtud, entendimiento; al entendimiento, dominio propio; al dominio propio, constancia; a la constancia, devoción a Dios.
2 PEDRO 1.5, 6

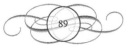

PERMANECER EN ÉL

QUIERO QUE VIVAS CERCA DE MÍ Y VEAS LAS COSAS DESDE MI PERSPECTIVA MÁS Y MÁS. *Vive como hijo de luz* porque mi luminosidad te rodea e incluso está dentro de ti, te transforma adentro y afuera. Recuerda que *antes eras oscuridad* hasta que mi Espíritu te trajo a la Vida capacitándote para vivir en mi santa presencia. Vive en esta memoria bendita hasta que la gratitud por mi *gracia gloriosa* brote dentro de ti.

Confía en mí para guiarte paso a paso a lo largo de cada día. Yo proveo suficiente luz para un día a la vez. Si tratas de mirar al futuro, te vas a encontrar mirando en la oscuridad: ¡mi rostro brilla sobre ti solo en el presente! Aquí es donde encuentras mi amor generoso que nunca te va a fallar. Vive siempre cerca de mí, y prosperará en mi luz transformadora.

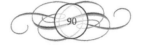

*Porque ustedes antes eran oscuridad, pero ahora
son luz en el Señor. Vivan como hijos de luz.*
EFESIOS 5.8

*Dios nos escogió en él antes de la creación del mundo,
para que seamos santos y sin mancha delante de él.
En amor nos predestinó para ser adoptados como
hijos suyos por medio de Jesucristo, según el buen
propósito de su voluntad, para alabanza de su
gloriosa gracia, que nos concedió en su Amado.*
EFESIOS 1.4-6

El SEÑOR te mire con agrado y te extienda su amor.
NÚMEROS 6.25

*Plantados en la casa del SEÑOR, florecen
en los atrios de nuestro Dios.*
SALMOS 92.13

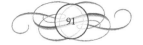

SU AMOR

Mi amor por ti es inextinguible. Es aún más fuerte que el vínculo entre una madre y su bebé. *Aun cuando ella puede olvidar a su niño de pecho, ¡yo no te olvidaré!* Me eres tan precioso que hasta *te llevo grabado en las palmas de mis manos.* Por eso, olvidarme de ti está fuera de todo cuestionamiento. No solo te recuerdo constantemente, sino que también me compadezco de ti continuamente.

Yo quiero que *realmente llegues a conocer mi amor en forma práctica, a través de experimentarlo.* El Espíritu Santo, que vive en lo más íntimo de tu ser, te ayudará en esta amorosa búsqueda. Pídele que te llene completamente con mi plenitud de tal manera que puedas tener *la más rica medida de la presencia divina;* llegando a ser *un cuerpo completamente lleno y rebosante* de mí. ¡Así, podrás experimentar mi amor en toda su medida!

*Ni las muchas aguas pueden apagarlo, ni los ríos pueden
extinguirlo. Si alguien ofreciera todas sus riquezas
a cambio del amor, solo conseguiría el desprecio.*
CANTAR DE LOS CANTARES 8.7

*¿Puede una madre olvidar a su niño de pecho, y dejar
de amar al hijo que ha dado a luz? Aun cuando ella lo
olvidara, ¡yo no te olvidaré! Grabada te llevo en las palmas
de mis manos; tus muros siempre los tengo presentes.*
ISAÍAS 49.15, 16

*Yo te haré mi esposa para siempre, y te daré como dote
el derecho y la justicia, el amor y la compasión.*
OSEAS 2.19

*En fin, que conozcan ese amor que sobrepasa nuestro
conocimiento, para que sean llenos de la plenitud de Dios.*
EFESIOS 3.19

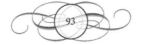

TRISTEZA

Para cuando te sientas triste, quiero anticiparte de nuevo sentimientos de júbilo. Esto te quitará el aguijón de tu tristeza porque sabrás que tu pena es solo temporal. Con el tiempo, la tristeza tiende a duplicarse convenciéndote que siempre serás una persona infeliz. ¡Pero esa es una mentira! Te animo a que rechaces esa mentira y que en su lugar confíes en mí y en todas las promesas que te he hecho. La verdad es, *todos* mis hijos tienen por delante un gozo infinito: reservado en el cielo, garantizado por toda la eternidad. *Nadie te va a quitar esa alegría.*

Mientras vas de camino al cielo, tu peregrinaje por este mundo tiene muchos altos y bajos. Aunque tus días de desaliento son desagradables, no dejan de ser valiosos. El dolor y las luchas pueden ser altamente productivos cuando confías en mí en medio de tu sufrimiento. Tu angustia es comparable a una mujer en el proceso de dar a luz. Su sufrimiento es muy real y ella podrá preguntarse por cuánto tiempo se prolongarán sus dolores. Sin embargo, toda esta agonía produce un resultado maravilloso: una nueva vida que viene al mundo. Los recuerdos de la madre de los dolores que tuvo que soportar pasan a un segundo plano cuando se concentra en ese don maravilloso. Cuando sufres a través de tus aflicciones terrenales, mantén la vista en la recompensa prometida: ¡gozo desbordante en el cielo! Incluso

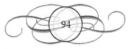

ahora puedes disfrutar de una conciencia creciente de mi presencia. No importa lo que estés pasando, *te llenaré de alegría en mi presencia.*

> *Lo mismo les pasa a ustedes: Ahora están*
> *tristes, pero cuando vuelva a verlos se alegrarán,*
> *y nadie les va a quitar esa alegría.*
> JUAN 16.22

> *La mujer que está por dar a luz siente dolores*
> *porque ha llegado su momento, pero en cuanto*
> *nace la criatura se olvida de su angustia por la*
> *alegría de haber traído al mundo un nuevo ser.*
> JUAN 16.21

> *Me has dado a conocer la senda de la vida; me llenarás de*
> *alegría en tu presencia, y de dicha eterna a tu derecha.*
> SALMOS 16.11

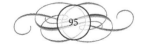

GOZO

LO QUE BUSCO EN MIS HIJOS ES UNA ALMA ALERTA QUE SE CONMUEVA POR EL GOZO DE MI PRESENCIA. Sin embargo, a menudo, te ves convertido en un alma aletargada, dando por sentado una vida con todas sus bendiciones, concentrándote en cosas negativas y aceptando la versión mundana de una buena vida. Quiero ayudarte a que te liberes de este peso mundanal para que tu alma pueda remontarse a las alturas conmigo.

Aspirar a un despertar del alma es solo media batalla. Muchos de mis hijos desarrollan una devoción hacia mí como un deber, mientras van por todas partes buscando placeres. No logran entender que la alegría *de mi presencia* brilla más que el más deleitoso gozo terrenal.

Por supuesto, esta no es una situación cualquiera. No se trata de escoger entre regocijarte en mi compañía y disfrutar las muchas cosas buenas que te proporciono. Es simplemente una cuestión de prioridades: yo quiero que tú me valores por sobre todo lo demás.

Cuanto más plenamente te gozas conmigo, más capacidad tendrás de apreciar las bendiciones que yo derramo sobre ti. Al deleitarte conmigo, yo me siento libre para bendecirte con generosidad. Si me mantienes como primero en tu vida, mis buenos dones no se transformarán en ídolos. *Deléitate en mí, y yo te concederé los deseos de tu corazón.*

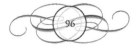

*El Señor recorre con su mirada toda la tierra, y está
listo para ayudar a quienes le son fieles. Pero de ahora en
adelante tendrás guerras, pues actuaste como un necio.*
2 Crónicas 16.9

*Me has dado a conocer los caminos de la vida;
me llenarás de alegría en tu presencia.*
Hechos 2.28

*Toda buena dádiva y todo don perfecto descienden
de lo alto, donde está el Padre que creó las
lumbreras celestes, y que no cambia como los
astros ni se mueve como las sombras.*
Santiago 1.17

*Deléitate en el Señor, y él te concederá
los deseos de tu corazón.*
Salmos 37.4

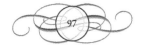

CONFIANZA

Confía en mí con todo tu corazón y mente, y no te apoyes en tu propio entendimiento. *Reconóceme en todos tus caminos, y yo allanaré tus sendas.* Durante años, tan completa confianza en mí ha sido tu meta; sin embargo, te sigue resultando difícil. El mayor culpable de esto es el voraz apetito de tu mente por entenderlo todo, alimentado por un fuerte deseo de sentirte en control de tu vida. Quieres confiar en mí de todo corazón, pero te sientes atascado.

Mi amado, tu deseo de descansar en mí totalmente es un propósito valioso. Ahora también crees que te estoy entrenando a través de las experiencias de tu vida y que muchas de las dificultades con las que te encuentras han sido diseñadas para ayudarte en este esfuerzo. Déjame hacer este trabajo sobrenatural en tu corazón.

El Espíritu Santo te ayudará a tener pensamientos confiados, pero él requerirá tu cooperación. En lugar de descansar en tu entendimiento para que te ayude a sentirte en control, pídele a mi Espíritu que controle tu mente. Luego, espera confiadamente para ver los resultados. Mientras tienes tus ojos puestos en mí, confiando en mí y hablando conmigo, yo enderezaré el camino delante de ti.

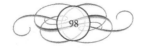

*Confía en el Señor de todo corazón, y no en
tu propia inteligencia. Reconócelo en todos
tus caminos, y él allanará tus sendas.*
PROVERBIOS 3.5, 6

*Encomienda al Señor tu camino;
confía en él, y él actuará.*
SALMOS 37.5

*La mentalidad pecaminosa es muerte, mientras que la
mentalidad que proviene del Espíritu es vida y paz.*
ROMANOS 8.6

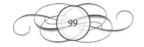

CONDENACIÓN

CADA VEZ QUE TU CORAZÓN TE CONDENE, clama a mí: «¡JESÚS, AYÚDAME!». Tu corazón y tu mente son un campo de batalla: blancos para las *flechas encendidas de acusación del maligno*. Para neutralizar esos misiles ardientes, deberás usar tu *escudo de la fe* hábilmente. Al clamar a mí pidiéndome que te ayude, estarás demostrando una fe genuina y yo me uniré a ti en la batalla. Te recuerdo que yo ya he pagado totalmente la deuda por *todos* tus pecados.

Es fundamental que entiendas que tu consciencia es imperfecta. Muchas de las acusaciones que hace están basadas en mentiras. Por eso, debes escuchar menos a esas acusaciones y escucharme más a mí a través de mi Espíritu y mi Palabra. Mientras estés en este mundo seguirás pecando, pero yo he provisto una forma efectiva para luchar contra el pecado: *la tristeza que proviene de Dios*. Esta tristeza en crecimiento está motivada por amor y preocupación por todos aquellos a quienes has herido (incluyéndome a mí). Es un trabajo del Espíritu Santo y produce verdadero arrepentimiento y *de la cual no hay que arrepentirse*.

Cuando tu corazón te condene, recuerda que *yo soy más grande que tu corazón y lo sé todo*. Acércate confiada y agradecidamente a mi amorosa presencia.

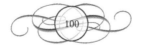

Aunque nuestro corazón nos condene, Dios es más grande que nuestro corazón y lo sabe todo.
1 JUAN 3.20

Además de todo esto, tomen el escudo de la fe, con el cual pueden apagar todas las flechas encendidas del maligno.
EFESIOS 6.16

Luego oí en el cielo un gran clamor: «Han llegado ya la salvación y el poder y el reino de nuestro Dios; ha llegado ya la autoridad de su Cristo. Porque ha sido expulsado el acusador de nuestros hermanos, el que los acusaba día y noche delante de nuestro Dios.
APOCALIPSIS 12.10

La tristeza que proviene de Dios produce el arrepentimiento que lleva a la salvación, de la cual no hay que arrepentirse, mientras que la tristeza del mundo produce la muerte.
2 CORINTIOS 7.10

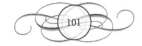

ESPERANZA

AUNQUE LAS DIFICULTADES ABUNDAN EN ESTE MUNDO, ALÉGRATE QUE YO ESTOY SIEMPRE PRESENTE CONTIGO. Yo te puedo capacitar para que puedas hacer frente a cualquiera y a todas las circunstancias, fortaleciéndote mientras me miras confiadamente. No importa cuán desesperada sea tu situación, te aseguro que *todo es posible para mí*.

Yo soy la Verdad y, por lo tanto, soy absolutamente confiable en cuanto a todas mis promesas. Te proporcionan un fundamento sólido como la roca sobre el cual puedes *vivir, moverte y existir*. Ya que yo soy la Palabra viviente, afirmar tu confianza en mis promesas es una excelente manera de acercarte más a mí. Mientras disfrutas de la belleza de mi presencia, puedes encontrarte deseando alabarme. No reprimas ese impulso santo; en lugar de eso, grítalo. Mientras me estás adorando, nueva esperanza brotará dentro de ti.

Espera en mí porque volverás a alabarme por la ayuda de mi presencia.

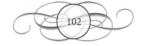

—Para los hombres es imposible —aclaró
Jesús, mirándolos fijamente—, pero no para
Dios; de hecho, para Dios todo es posible.
MARCOS 10.27

«Puesto que en él vivimos, nos movemos y
existimos». Como algunos de sus propios poetas
griegos han dicho: «De él somos descendientes».
HECHOS 17.28

En el principio ya existía el Verbo, y el Verbo
estaba con Dios, y el Verbo era Dios.
JUAN 1.1

¿Por qué voy a inquietarme? ¿Por qué me voy a
angustiar? En Dios pondré mi esperanza, y todavía
lo alabaré. ¡Él es mi Salvador y mi Dios!
SALMOS 42.5

INTIMIDAD CON ÉL

Yo soy el creador del universo, pero decidí establecer mi humilde hogar en tu corazón. Es allí donde me conoces más íntimamente; es allí desde donde te hablo con susurros santos.

Sé que esto es más de lo que puedes entender: que Alguien tan grande y majestuoso decidiera vivir en alguien tan insignificante y tan pecador. Tu mente casi no puede procesar el pensamiento de mi santidad perfecta viviendo en ti. Es un pensamiento con el que luchas. Eso me indica que tienes algo de entendimiento de la pureza absoluta de mi Ser. Comoquiera que sea, ten la seguridad que tu pecaminosidad no puede contaminar mi santidad. La influencia va en otra dirección: ¡mi justicia te purifica! Deléitate en esta bendita transacción, recibiendo con gratitud mi bondad.

Aunque eres una morada extremadamente humilde para mí, el Dios que también habita en los altos cielos, yo estoy viviendo en tu corazón porque deseo profundamente vivir en intimidad contigo. Tú eres débil: alguien a quien los ruidos del mundo distraen fácilmente. Pero yo te quiero ayudar a escuchar en la intimidad de tu corazón mis *suaves murmullos*. Tú necesitas tranquilidad, externa e interiormente. Busca un lugar quieto, donde el ruido del mundo sea mínimo. Una vez que lo hayas encontrado, concentra tu mente en este amoroso mandamiento:

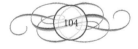

«*Quédense quietos, y reconozcan que yo soy Dios*». Quédate tranquilo, despréndete y relájate en mi presencia mientras yo me comunico contigo en murmullos santos.

En estos días finales nos ha hablado por medio de su Hijo. A este lo designó heredero de todo, y por medio de él hizo el universo.
HEBREOS 1.2

Le pido que, por medio del Espíritu y con el poder que procede de sus gloriosas riquezas, los fortalezca a ustedes en lo íntimo de su ser, para que por fe Cristo habite en sus corazones.
EFESIOS 3.16, 17

Tras el terremoto vino un fuego, pero el SEÑOR tampoco estaba en el fuego. Y después del fuego vino un suave murmullo.
1 REYES 19.12

«*Quédense quietos, reconozcan que yo soy Dios. ¡Yo seré exaltado entre las naciones! ¡Yo seré enaltecido en la tierra!*».
SALMOS 46.10

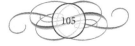

CIELO

TUS ORACIONES NO SON CLAMORES EN LA OSCURIDAD. Por el contrario, ascienden a mi reino de luz eterna. *Clama a mí, y te responderé y te daré a conocer cosas ocultas que tú no sabes.* Desde hace mucho tiempo, la humanidad ha estado dominada por ojos que no ven lo más importante. Muchas personas no ven las cosas más obvias: yo puedo realizar milagros ante sus propios ojos, pero ellos ven solo ocurrencias mundanas o, en el mejor de los casos, coincidencias. *Solo los ojos de tu corazón* pueden ver las realidades espirituales.

Una de las cosas que busco entre mis hijos es una actitud *favorable* a aprender. Cuando vienes a mí, deseoso de aprender maravillosas *cosas que tú no sabes*, yo me alegro. Un buen maestro se goza cuando uno de sus alumnos quiere realmente aprender y pone su mejor esfuerzo para descubrir lo más que pueda. Yo soy el Maestro de los maestros y me deleito en tu deseo de aprender cosas maravillosas e inescrutables que yo te puedo enseñar. Tu disposición a que yo te enseñe da resultados admirables: te ayudo a entender al nivel de tu corazón *la esperanza a la que te he llamado, las riquezas de mi gloriosa herencia* en la que tienes parte conmigo. Puedes mirar adelante al tiempo en que vivirás conmigo en la Santa Ciudad, donde *la gloria de Dios la ilumina.*

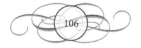

«Clama a mí y te responderé, y te daré a conocer
cosas grandes y ocultas que tú no sabes».
JEREMÍAS 33.3

Pido también que les sean iluminados los ojos del corazón
para que sepan a qué esperanza él los ha llamado, cuál
es la riqueza de su gloriosa herencia entre los santos.
EFESIOS 1.18

Enséñame a hacer tu voluntad, porque
tú eres mi Dios. Que tu buen Espíritu me
guíe por un terreno sin obstáculos.
SALMOS 143.10

La ciudad no necesita ni sol ni luna que
la alumbren, porque la gloria de Dios la
ilumina, y el Cordero es su lumbrera.
APOCALIPSIS 21.23

CONTROL

CONFÍAME A TUS SERES QUERIDOS. Ellos estarán mucho más seguros conmigo que en tus manos.

A veces tú crees que amar a otras personas es querer rescatarlas. Cuando una de ellas tiene un problema, con mucha frecuencia sientes la responsabilidad de dar con una solución. Y te precipitas a buscarla, como si estuvieras obligado a hacerlo. Yo quiero ayudarte a que dejes de sentirte responsable de solucionar los problemas de otros. Esa es mi responsabilidad, no la tuya.

Es mi prerrogativa traer cambios en las vidas de las personas en la forma que yo disponga. Tú puedes ser parte del proceso, pero recuerda que yo soy el Autor y Director del drama. Lo que tú debes hacer es ceñirte a mi libreto en lugar de crear el tuyo. No usurpes mi papel en las vidas de las personas sea cual fuere tu deseo de ayudarles.

Cuando te sientes obligado a rescatar a un ser querido, analiza detenidamente la calidad de tu amor. Aprende de mí porque yo tengo *toda autoridad en el cielo y en la tierra*: yo podría rescatar y controlar a cualquiera a voluntad. Con todo creé intencionalmente a los seres humanos con la capacidad de escoger lo bueno o lo malo. Quiero que se sientan libres de amarme, o no. ¡El amor que no tiene posibilidad de elegir no es real!

En una actitud de oración pon a tus seres queridos bajo mi cuidado y protección. Controla tus impulsos por

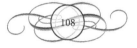

resolver sus problemas. En lugar de eso, usa tu tiempo y energías para escucharlos y orar por ellos. Confía en mi amor y en mi sabiduría infinita. Yo puedo efectuar cambios en las vidas de ellos *más que todo lo que puedas imaginarte o pedir*. Al entregarme a estas personas que tanto amas, detente un rato en mi *gran amor*, por ellos y también por ti.

Jesús se acercó entonces a ellos y les dijo: «Se me ha dado toda autoridad en el cielo y en la tierra».
MATEO 28.18

Al que puede hacer muchísimo más que todo lo que podamos imaginarnos o pedir, por el poder que obra eficazmente en nosotros, ¡a él sea la gloria en la iglesia y en Cristo Jesús por todas las generaciones, por los siglos de los siglos! Amén.
EFESIOS 3.20, 21

Por la mañana hazme saber de tu gran amor, porque en ti he puesto mi confianza. Señálame el camino que debo seguir, porque a ti elevo mi alma.
SALMOS 143.8

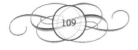

ADVERSIDAD

Cuando cruces las aguas, yo estaré contigo. Quiero que confíes en mi presencia protectora aun cuando profundas aguas de aflicción se levanten a tu alrededor. Recuerda que *yo te amo y eres ante mis ojos precioso*. ¡Nunca te abandonaré! Aunque en algún momento sientas que no me puedes ver, yo estoy constantemente pendiente de ti y de tus circunstancias. Cuando me pides ayuda, yo ya estoy plenamente informado de tu situación, de modo que no tienes necesidad de decirme lo que te pasa o lo que esperas que yo haga. En medio de las emergencias, oraciones breves y concisas son extremadamente eficaces: «¡Ayúdame, Señor!». «Muéstrame tu sendero». *«Hágase tu voluntad»*.

No te preocupes exageradamente por lo que sientas durante las emergencias. Lo más importante es que te vuelvas a mí, y confiar que yo estoy contigo. Cuando no puedas sentir mi presencia, es suficiente que *sepas* que yo te amo con un amor compasivo e infalible. Si tu corazón está hundiéndose en aguas de pánico, no concentres tu atención en lo que sientas. En lugar de eso, ¡mírame a mí! Cuando *tu alma se aferra a mí, mi mano derecha te sostiene*, librándote de las aguas turbulentas.

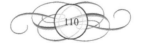

Cuando cruces las aguas, yo estaré contigo; cuando cruces los ríos, no te cubrirán sus aguas […] Porque te amo y eres ante mis ojos precioso […]
ISAÍAS 43.2-4

Venga tu reino, hágase tu voluntad en la tierra como en el cielo.
MATEO 6.10

Nos hace sufrir, pero también nos compadece, porque es muy grande su amor.
LAMENTACIONES 3.32

Mi alma se aferra a ti; tu mano derecha me sostiene.
SALMOS 63.8

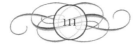

TRANSFORMACIÓN

AL CONTROLAR EL ESPÍRITU SANTO MÁS PLENAMENTE TU MENTE Y TUS ACTOS, TÚ SERÁS LIBRE EN MÍ. Gradualmente llegarás a ser más y más la persona para la cual fuiste creada.

Alcanzar la libertad mediante el sometimiento pareciera una contradicción ¿verdad? Pero cuando mi Espíritu controla tus pensamientos y tu forma de vivir, te sentirás más lleno de vida, más real, más satisfecho. Te animo a que ores: «Espíritu Santo, piensa a través de mí, vive a través de mí, ama a través de mí». Esta es una oración de rendición. Pese a todo, es muy posible que, aunque hagas esta oración, tu deseo de estar en control de tu vida puede sabotear tus propósitos.

En mi reino, la libertad viene cuando te rindes a *mi voluntad perfecta*. Como yo soy infinito y tú no lo eres, mi voluntad te puede parecer como algo imperfecto. No obstante, quiero que confíes en mí aun cuando no puedas entender lo que yo estoy haciendo. El Espíritu Santo te ayudará en esto si lo invitas a que controle tus pensamientos. Él vive en lo profundo de tu espíritu y te conoce mejor de lo que tú mismo te conoces. Su obra en ti te puede liberar para que seas más completamente la persona que yo diseñé que fueras.

Me complace cuando le pides a mi Espíritu que viva y ame a través de ti. Esta es la forma de vida colaborativa que yo tenía en mente cuando creé a la humanidad. Cuanto

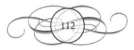

Bueno es el Señor; es refugio en el día de la angustia, y protector de los que en él confían.
NAHÚM 1.7

Yo soy el buen pastor; conozco a mis ovejas, y ellas me conocen a mí.
JUAN 10.14

Muchas son las calamidades de los malvados, pero el gran amor del Señor envuelve a los que en él confían.
SALMOS 32.10

Solo en Dios halla descanso mi alma; de él viene mi salvación. Solo él es mi roca y mi salvación; él es mi protector. ¡Jamás habré de caer!
SALMOS 62.1, 2

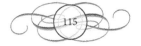

PAZ

Mi paz es como un don que todo lo abarca y que es independiente de las circunstancias. Aunque pierdas todo, si ganas mi paz serás rico.

Deja que eso sea un profundo consuelo para ti, especialmente en los muchos aspectos de tu vida sobre los que no tienes control. Cuando te sientes a merced de tus circunstancias, mi paz que todo lo abarca es exactamente lo que necesitas aun cuando a veces creas que eres indigno de recibirla. Quizás eso se deba a que estás aferrado a otra cosa: a tus seres queridos, a tus posesiones, a tu reputación. Es como si tuvieras firmemente agarrada una pequeña moneda de cobre mientras yo te ofrezco cantidades ilimitadas de oro puro. Mi deseo es ayudarte a atesorar mi paz por sobre cualesquiera otras cosas de este mundo, la reconozcas como un don sobrenatural, legada a mis seguidores poco antes de mi muerte.

Alguien que sabe que pronto va a morir quiere dejar algo precioso a aquellos a quienes ama. Así, yo «legué» mi paz a mis discípulos y a todos los que habrían de seguirme. Yo sabía que este es un don difícil de aceptar, especialmente en medio de la adversidad. Por eso, después de mi resurrección, las primeras palabras que dije a mis discípulos fueron: *«¡La paz sea con ustedes!»*. Ellos necesitaban esta seguridad para reforzar lo que yo les había enseñado antes de morir. Tú también necesitas que se

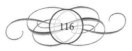

te recuerde la naturaleza divina de este don, porque *no te la doy como la da el mundo: es la paz que sobrepasa todo entendimiento!*

La paz les dejo; mi paz les doy. Yo no se la doy a ustedes como la da el mundo. No se angustien ni se acobarden.
JUAN 14.27

Al atardecer de aquel primer día de la semana, estando reunidos los discípulos a puerta cerrada por temor a los judíos, entró Jesús y, poniéndose en medio de ellos, los saludó. —¡La paz sea con ustedes!
JUAN 20.19

No se inquieten por nada; más bien, en toda ocasión, con oración y ruego, presenten sus peticiones a Dios y denle gracias. Y la paz de Dios, que sobrepasa todo entendimiento, cuidará sus corazones y sus pensamientos en Cristo Jesús.
FILIPENSES 4.6, 7

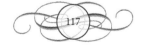

DEPENDER DE ÉL

MI PODER FLUYE MÁS LIBREMENTE EN AQUELLOS QUE SE SIENTEN DÉBILES Y QUE SON CONSCIENTES DE SU NECESIDAD DE MÍ. Así es que ¡anímate! Aunque tu peregrinaje por la vida está lleno de pasos inciertos, tales pasos de dependencia te mantienen en mi presencia.

Hoy, sientes la jornada más que usual. Es un reto para que des el siguiente paso. A veces te sientes desanimado por tu continua debilidad. Sabes que tu dependencia de mí trae bendiciones espirituales, pero a pesar de saberlo te sientes muchas veces atrapado por tus limitaciones. Solo la certidumbre de que yo estoy contigo evita que caigas en el pozo de la desesperación.

Estar consciente de tu necesidad de mí crea una fuerte conexión con mi presencia. Mi poder fluye a ti continuamente y te da fuerzas para realizar el siguiente paso, fuerza para resistir el desaliento y la desesperación y fuerza para conocerme en una dependencia íntima. Solo mi poder puede capacitarte para vivir una vida abundante en medio de tus limitaciones. Tu perseverancia diaria, dependiendo de mí, es tan sobrenatural como un milagro rotundo. Por tanto, no pienses que tus dificultades significan falta de fe o ausencia de bendiciones. Son una forma para ayudarte a que te mantengas en el camino que yo he escogido para ti.

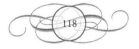

Aunque el camino que tienes por delante se te ofrezca escarpado y rocoso, es, sin embargo, el paso de vida. Es donde encuentras mi luminosa presencia, irradiando paz que trasciende todo entendimiento.

Aunque la higuera no florezca, ni haya frutos en las vides; aunque falle la cosecha del olivo, y los campos no produzcan alimentos; aunque en el aprisco no haya ovejas, ni ganado alguno en los establos; aun así, yo me regocijaré en el Señor, ¡me alegraré en Dios, mi libertador! El Señor omnipotente es mi fuerza; da a mis pies la ligereza de una gacela y me hace caminar por las alturas.
HABACUC 3.17-19

¡Al único Dios, nuestro Salvador, que puede guardarlos para que no caigan, y establecerlos sin tacha y con gran alegría ante su gloriosa presencia, sea la gloria, la majestad, el dominio y la autoridad, por medio de Jesucristo nuestro Señor, antes de todos los siglos, ahora y para siempre! Amén.
JUDAS 1.24, 25

Y la paz de Dios, que sobrepasa todo entendimiento, cuidará sus corazones y sus pensamientos en Cristo Jesús.
FILIPENSES 4.7

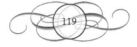

GRATITUD

Cada vez que sientas la tentación de quejarte, ven a mí y háblame del asunto. Al abrirte a mí, pondré mis pensamientos en tu mente y mi cántico en tu corazón.

Hay tantas cosas que desearías que fueran diferentes: en tu vida, en las vidas de los demás, en el mundo. Tu tendencia natural es inquietarte por estos asuntos en lugar de hablarlos conmigo. Cuanto más piensas en estos asuntos negativos, de más mal humor te pones. Aunque controles lo que dices en voz alta, tus pensamientos tienden a estar llenos de quejas. Déjame ayudarte a pensar mis pensamientos.

Confía en mí y ábrete a mí continuamente. No esperes hasta que te encuentres desalentado para traerme tus preocupaciones. Al hablar tú y yo sobre estos asuntos, acuérdate de darme gracias. No importa cómo te sientas, puedes darme gracias por escucharte y preocuparme por ti, por amarte lo suficiente como para haber entregado mi vida por ti. Tus expresiones de gratitud proporcionarán un marco importante que te ayudará a manejar las cosas que te preocupan. Al hablar de todo esto, deja que *haga resplandecer mi rostro sobre ti*. Al final, este resplandor celestial irrumpirá a través de la niebla de tu mente y te capacitará para ver las cosas desde mi perspectiva.

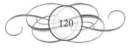

Tu comunión conmigo te bendecirá, además, en otro aspecto: encontrarás en mi presencia un gozo irreprimible. Sea que cambie o no tus circunstancias, vas a descubrir que te he dado *un cántico nuevo, un himno de alabanza.*

¡Gracias a Dios por su don inefable!
2 CORINTIOS 9.15

El SEÑOR haga resplandecer Su rostro
sobre ti, y tenga de ti misericordia.
NÚMEROS 6.25 NBLH

«Me has dado a conocer los caminos de la
vida; me llenarás de alegría en tu presencia».
HECHOS 2.28

Puso en mis labios un cántico nuevo, un himno de
alabanza a nuestro Dios. Al ver esto, muchos tuvieron
miedo y pusieron su confianza en el SEÑOR.
SALMOS 40.3

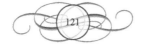

PREOCUPACIÓN

No te angusties por el mañana. Mis seguidores raramente pasan un día sin quebrantar este mandamiento, que es una enseñanza simple y sencilla. Es bueno que reconozcas tu incapacidad de vivir según esta instrucción. Tu lucha continua te protegerá de esforzarte en tu propia capacidad, tratando de ser lo suficientemente bueno como para merecer mi amor. Sin embargo, yo quiero ayudarte a controlar tu tendencia a la preocupación excesiva.

Debido a que tu mente está en la condición de caída, *habrá* ocasiones en que divagará muy cerca de la línea del tiempo que te separa de las tribulaciones del mañana. Sin embargo, una intervención oportuna puede reducir el daño. En cuanto te des cuenta de que te estás preocupando por el mañana, entra en acción: simplemente deja tus pensamientos donde están (en la irrealidad del futuro) y vuelve rápidamente al presente. Como el futuro tiene una fuerza tremenda en tu mente, te ayudará si diriges tus pensamientos a algo que te apele en el presente: una actividad interesante, la hermosura del tiempo atmosférico, un amigo o un familiar querido. Y cuando ocurra que nada de lo que te rodea atraiga tu interés, mi amorosa presencia estará esperando tu atención. Yo estoy siempre cerca, así es que no tienes más que volver tus pensamientos a mí. Esta es la mejor acción en

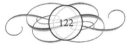

todo tiempo y en cualquier momento. Ven a mi gozosa
presencia y yo te deleitaré con un amor inmerecido.

*Por lo tanto, no se angustien por el mañana, el cual tendrá
sus propios afanes. Cada día tiene ya sus problemas.*
MATEO 6.34

*Pero Dios, que es rico en misericordia, por su
gran amor por nosotros, nos dio vida con Cristo,
aun cuando estábamos muertos en pecados.
¡Por gracia ustedes han sido salvados!*
EFESIOS 2.4, 5

*Por lo tanto, hermanos, ustedes que han sido
santificados y que tienen parte en el mismo
llamamiento celestial, consideren a Jesús, apóstol
y sumo sacerdote de la fe que profesamos.*
HEBREOS 3.1

*Llegaré entonces al altar de Dios, del Dios
de mi alegría y mi deleite, y allí, oh Dios,
mi Dios, te alabaré al son del arpa.*
SALMOS 43.4

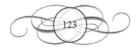

QUEBRANTAMIENTO

NADA ESTÁ PERDIDO CUANDO SE COMPARTE CONMIGO. Yo puedo extraer *belleza de las cenizas* de sueños perdidos; puedo recoger gozo de la tristeza, paz de la adversidad. Esta alquimia divina se hará una realidad en tu experiencia en la medida que vayas aprendiendo a compartir más y más de tu vida conmigo. Si crees que yo soy capaz de crear integridad de tus quebrantos y tus luchas y confías en mi presencia sanadora, te animo a que me traigas todas estas cosas para que yo las transforme.

Yo me gozo transformando a mis amados hijos. ¡Dame acá tus sueños rotos! Déjalos a mi cuidado. No solo voy a sanar tus quebrantos, sino que te daré un nuevo sueño, un sueño que esté en armonía con mis planes para ti. Cuando te dediques a nutrir este sueño en ciernes, te vas a dar cuenta de que estarás más contento y mucho más consciente de mi hermosa presencia.

Entrégame tu tristeza y tus problemas. Las penas compartidas conmigo se impregnarán con brillantes reflejos de gozo como numerosas luces de Navidad brillando en la oscuridad. Acepta la adversidad como mi don para ti. Encontrarás dorados bolsillos de paz escondidos en lo más duro de tus problemas.

Yo soy tu amigo fiel y también tu Rey de reyes, llevando a cabo mi transformación divina en ti. *¡Para mí, todo es posible!*

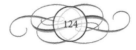

El Espíritu del Señor omnipotente está sobre mí, por cuanto me ha ungido para anunciar buenas nuevas a los pobres. Me ha enviado a sanar los corazones heridos, a proclamar liberación a los cautivos y libertad a los prisioneros, a pregonar el año del favor del Señor y el día de la venganza de nuestro Dios, a consolar a todos los que están de duelo, y a confortar a los dolientes de Sion. Me ha enviado a darles una corona en vez de cenizas, aceite de alegría en vez de luto, traje de fiesta en vez de espíritu de desaliento. Serán llamados robles de justicia, plantío del Señor, para mostrar su gloria.
Isaías 61.1-3

La paz les dejo; mi paz les doy. Yo no se la doy a ustedes como la da el mundo. No se angustien ni se acobarden.
Juan 14.27

—Para los hombres es imposible —aclaró Jesús, mirándolos fijamente—, mas para Dios todo es posible.
Mateo 19.26

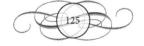

TRANSFORMACIÓN

Desde que te incorporaste a mi familia real, he traído mucha luz a tu vida. No obstante, esto es *como los primeros albores de la aurora* comparado con la plena luz del día que espera a todos los que van por *la senda de los justos*. Tú necesitas mi ayuda en todo momento para mantener tus pies en este camino, y mi asistencia está disponible para ti cada nanosegundo de tu vida. Aparte de mí, no hay justicia, pero yo ya he asegurado para ti este glorioso don mediante mi obra acabada en la cruz.

Yo soy *el sol de justicia*, y hay *sanidad en mis rayos*. Mientras te solazas en la seguridad de mi justicia, mi presencia sanadora te está transformando más y más para que llegues a ser el tesoro que yo diseñé para que fueras.

Cuando *el día alcanza su plenitud*, la luz gloriosa más allá de toda descripción. Esa luz es enceguecedora, demasiado brillante para los habitantes de la tierra. Sin embargo, cuando llegues a tu hogar celestial, vas a *despertar en mi presencia*. ¡Tus ojos, nuevos e imperecederos, podrán percibir la totalidad de la luz de mi gloria! *En justicia contemplarás mi Rostro... y te bastará.*

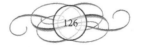

*La senda de los justos se asemeja a los primeros
albores de la aurora: su esplendor va en aumento
hasta que el día alcanza su plenitud.*
PROVERBIOS 4.18

*Pero para ustedes que temen mi nombre, se levantará
el sol de justicia trayendo en sus rayos salud. Y ustedes
saldrán saltando como becerros recién alimentados.*
MALAQUÍAS 4.2

*Saulo se levantó del suelo, pero cuando abrió los ojos no
podía ver, así que lo tomaron de la mano y lo llevaron a
Damasco. Estuvo ciego tres días, sin comer ni beber nada.*
HECHOS 9.8, 9

*Pero yo en justicia contemplaré tu rostro; me
bastará con verte cuando despierte.*
SALMOS 17.15

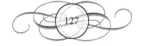

RENOVACIÓN DE LA MENTE

No te conformes a este mundo, sino sé transformado por la renovación de tu mente. Yo entiendo tus luchas; sé perfectamente que el mundo ejerce presiones despiadadas sobre ti tratando de meterte en su molde. Por esta razón es que necesitas tiempo a solas conmigo. Cuando te abres a mí y me invitas para que te transforme, puedo trabajar libremente en ti y lograr cosas maravillosas. Una de mis tareas más desafiantes es renovar tu mente, por lo que mi Espíritu está trabajando siempre en ese proyecto. Él no te abruma con su poder; al contrario, te sugiere gentilmente y te declara culpable limpio, mostrándote donde necesitas hacer cambios y te ayuda a desarrollar nuevas actitudes.

Muchos cristianos no son capaces de discernir mi voluntad porque sus mentes están enredadas en mundanalidades. El oropel y el encanto de este mundo los distrae de mí de modo que no sienten mi cercanía. *Al ser transformado mediante la renovación de tu mente,* progresarás en tu capacidad de discernir mi *voluntad buena y perfecta.* También serás más consciente de mi amorosa presencia contigo. Esta certidumbre es tan placentera que te llevará aún más cerca de mí, aumentando la efectividad de mi trabajo en ti, creando una espiral ascendente de transformación. Así, no solo estarás más cerca de mí, sino que serás más parecido a mí. Esto es

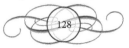

un anticipo de lo que está por venir cuando yo te sea revelado plenamente: *Serás semejante a mí, porque me verás como yo soy.*

No se amolden al mundo actual, sino sean transformados mediante la renovación de su mente. Así podrán comprobar cuál es la voluntad de Dios, buena, agradable y perfecta.
ROMANOS 12.2

Ahora bien, el Señor es el Espíritu; y, donde está el Espíritu del Señor, allí hay libertad.
2 CORINTIOS 3.17

Queridos hermanos, ahora somos hijos de Dios, pero todavía no se ha manifestado lo que habremos de ser. Sabemos, sin embargo, que cuando Cristo venga seremos semejantes a él, porque lo veremos tal como él es.
1 JUAN 3.2

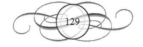

DESCANSAR EN ÉL

Mi presencia irá contigo, y yo te haré descansar. A veces, cuando te sientes muy cansado, lo único que quieres es un poco de descanso. Como resultado, tu consciencia de mi presencia se hace más sombría. Te aseguro, sin embargo, que aun cuando tu atención desfallezca, la mía se mantiene firme. ¡Alégrate de que el único que siempre se preocupa por ti te brinda una atención infinita!

Aun los padres más dedicados no pueden estar constantemente atentos a sus hijos: de vez en cuando también tienen que dormir. Además, ellos tienen que dar atención a otros asuntos que reclaman su preocupación. Muchos hijos muy queridos se han ahogado cuando sus padres dejaron de vigilarlos aun brevemente. Solo yo tengo la capacidad de mantener vigilancia sobe mis amados hijos continuamente, sin la más mínima interrupción.

En lugar de preocuparte por dónde y cuándo encontrarás descanso, recuerda que yo te he prometido proveerlo para ti. Preocuparse implica malgastar una gran cantidad de energía, que es precisamente lo que más necesitas para alcanzar un lugar de descanso. Si estuvieras conduciendo un automóvil con poco combustible en el tanque y la próxima estación de servicio estuviera aún muy lejos, conducirías cuidadosamente y sin parar precisamente para ahorrar combustible. De forma similar, cuando estás bajo de energía necesitas minimizar el consumo de *este*

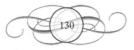

producto. Anda suave y firmemente a través de tu día, buscando mi ayuda. Descansa en el conocimiento de que mi cuidado de ti es perfecto. Así, aprovecharás al máximo la poca energía de que dispongas. Cada vez que te sientas sufrir por el hastío, *ven conmigo y te daré descanso.*

*—Yo mismo iré contigo y te daré
descanso —respondió el Señor.*
Éxodo 33.14

*Mi ayuda proviene del Señor, creador del
cielo y de la tierra. No permitirá que tu pie
resbale; jamás duerme el que te cuida.*
Salmos 121.2-3

*Vengan a mí todos ustedes que están cansados
y agobiados, y yo les daré descanso.*
Mateo 11.28

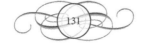

CONFIANZA

Presenta tus peticiones ante mí y espera confiado. Esperar y confiar están siempre estrechamente conectados. Cuanto más confías en mí, más podrás esperar con una actitud positiva. Encontrarte conmigo cada mañana es una demostración profunda de confianza. Esta práctica te ayuda a empezar el día con un corazón agradecido, recibiéndolo como un regalo precioso de mí.

Esperar en mi presencia tiene «efectos secundarios» beneficiosos, no pienses demasiado en las respuestas a tus peticiones. En mi luz santa, tú te relacionas conmigo como la criatura con su Creador, como el barro con el alfarero. Esto te hace ser humilde y te ayuda a adorarme como yo realmente soy. Mucha gente crea en sus mentes un dios conveniente que se ajusta a sus metas y estilos de vida. Pueden incluso llamar a este dios por mi Nombre, pero eso no es otra cosa que prácticas idolátricas. Tú necesitas examinar las Escrituras para protegerte de este trágico engaño. Al leer mi Palabra, pídele al Espíritu Santo que ilumine tu mente para que puedas verme más claramente, sin distorsiones.

Siéntete con la libertad de traerme tus peticiones, porque tu mundo está rebosante de necesidad, como estás tú. Mientras velas y esperas en mi presencia, mírame confiadamente. Yo hablaré con misericordia a tu corazón, asegurándote de mi *gran amor* que no te fallará jamás.

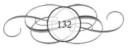

*Por la mañana, SEÑOR, escuchas mi
clamor; por la mañana te presento mis ruegos, y
quedo a la espera de tu respuesta.*
SALMOS 5.3

*A pesar de todo, SEÑOR, tú eres nuestro
Padre; nosotros somos el barro, y tú el
alfarero. Todos somos obra de tu mano.*
ISAÍAS 64.8

*Pero se acerca la hora, y ha llegado ya, en
que los verdaderos adoradores rendirán culto
al Padre en espíritu y en verdad, porque así
quiere el Padre que sean los que le adoren.*
JUAN 4.23

*Pero yo confío en tu gran amor; mi
corazón se alegra en tu salvación.*
SALMOS 13.5

INTIMIDAD CON ÉL

Tu alma puede comprometerse con asuntos que podrían ser demasiado profundos para que tu mente los entienda. Una de estas profundas verdades es el perfecto amor de mi Padre por ti: *el amor con que me has amado*. Yo vine a vivir en tu planeta para poder hacer de este amor indescriptible algo real para ti.

El que me ha visto a mí ha visto al Padre. Por lo tanto, si logras conocerme a mí mejor, simultáneamente estarás conociendo mejor al Padre. Mientras mejor nos conozca, más habitará en ti Nuestro Amor santo.

Mi amor y mi presencia son inseparables: *yo mismo vivo en ti*. De esta manera, no hay límites en lo profundo de la intimidad que podemos experimentar tú y yo. Yo estoy al tanto de todo lo que tiene que ver contigo, incluyendo tus más profundos deseos y tus más íntimos secretos. Entiendo, además, perfectamente las cosas que todavía estás por descubrir. Sin embargo, mi conocimiento de ti no es clínico ni desinteresado: ¡te veo a través de los ojos de un Amante apasionado! Te invito a que me abras completamente tu corazón y tu alma; esto aumentará nuestra intimidad, permitiéndote experimentar más mi amor sin límites. Porque por ahora, tú *conoces de manera imperfecta* pero en el cielo, *conocerás tal y como eres conocido*.

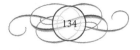

*Yo les he dado a conocer quién eres, y seguiré
haciéndolo, para que el amor con que me has
amado esté en ellos, y yo mismo esté en ellos».*
JUAN 17.26

*¡Pero, Felipe! ¿Tanto tiempo llevo ya entre ustedes, y
todavía no me conoces? El que me ha visto a mí ha visto
al Padre. ¿Cómo puedes decirme: «Muéstranos al Padre»?*
JUAN 14.9

*Un abismo llama a otro abismo en el rugir de tus cascadas;
todas tus ondas y tus olas se han precipitado sobre mí.*
SALMOS 42.7

*Ahora vemos de manera indirecta y velada,
como en un espejo; pero entonces veremos cara a
cara. Ahora conozco de manera imperfecta, pero
entonces conoceré tal y como soy conocido.*
1 CORINTIOS 13.12

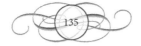

DEBILIDAD

Yo puedo simpatizar con tu debilidad porque he sido tentado en todas las maneras. No solo te entiendo perfectamente con todas tus debilidades, sino que también tengo recursos en cantidad infinita porque soy tanto Hombre como Dios. Cuando tus amigos traten de ayudarte con tus problemas, sus propias flaquezas y pecaminosidades pueden hacerse presentes. Yo, por otro lado, te comprendo tanto desde una perspectiva divina y de total conocimiento como desde un punto de vista humano y puro. Durante mis treinta y tres años en la tierra, experimenté terribles tentaciones y tuve que soportarlo todo, *sin pecado* para poder ser tu Salvador. ¡Si alguna vez has dudado de mi amor por ti, fíjate en todo lo que tuve que sufrir para pasar la eternidad contigo!

Cuando estés pasando por pruebas dolorosas, te vas a sentir tentado a echarme la culpa a mí porque sabes que yo tengo un poder ilimitado para acudir en tu ayuda. Sin embargo, yo rehusé usar ese poder para salvarme a mí mismo de una brutal tortura y la consiguiente ejecución. Cada vez que yo te permita sufrir, trata de ver ese sufrimiento como un voto de confianza mío hacia ti. Es una manera de confirmarte como miembro de mi familia real: *un coheredero conmigo*. Clama a mí cuando te encuentres en medio de las pruebas y yo te atraeré a mi lado, haciéndome partícipe de tu sufrimiento. Recuerda

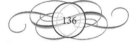

que yo te dejo *compartir en mis sufrimientos para que puedas también tener parte en mi gloria.*

Porque no tenemos un sumo sacerdote incapaz
de compadecerse de nuestras debilidades, sino
uno que ha sido tentado en todo de la misma
manera que nosotros, aunque sin pecado.
HEBREOS 4.15

Así, pues, consideren a aquel que perseveró frente
a tanta oposición por parte de los pecadores,
para que no se cansen ni pierdan el ánimo.
HEBREOS 12.3

Y, si somos hijos, somos herederos; herederos de Dios
y coherederos con Cristo, pues, si ahora sufrimos con
él, también tendremos parte con él en su gloria.
ROMANOS 8.17

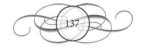

ORACIÓN

Maravíllate de lo prodigioso que es poder comunicarte en cualquier momento con el rey del universo. ¡Te ruego que no tomes a la ligera este maravilloso privilegio de la oración! Ni tampoco permitas que una estúpida arrogancia se interponga haciéndote actuar como si me estuvieras haciendo un favor al pasar tiempo hablando conmigo.

El mejor antídoto para tal necedad es reconocerla y arrepentirse. Luego de eso, recordar quien yo soy: *Rey de reyes y Señor de señores habitando en una luz deslumbrante e inaccesible*. Mis ojos son como *llama de fuego*. Mi voz como el *estruendo de una catarata*. Mi rostro es como *el sol cuando brilla en todo su esplendor*. Pero también soy tu Pastor, dirigiéndote tiernamente paso a paso a través de tu vida. Quiero que estés consciente de lo precioso que eres para mí, y lo mucho que me deleito en ti. Quiero que, en reciprocidad, tú te deleites en mí.

Yo escucho a tu corazón tanto como a tus palabras. ¡Cuando gozosamente te acercas a mi *trono de la gracia*, anticipando el maravilloso placer de comunicarte conmigo, tú y yo somos bendecidos!

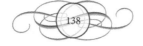

*La cual Dios a su debido tiempo hará que se cumpla.
Al único y bendito Soberano, Rey de reyes y Señor
de señores, al único inmortal, que vive en luz
inaccesible, a quien nadie ha visto ni puede ver, a
él sea el honor y el poder eternamente. Amén.*

1 Timoteo 6.15, 16

*Su cabellera lucía como la lana blanca, como la nieve;
y sus ojos resplandecían como llama de fuego. Sus
pies parecían bronce al rojo vivo en un horno, y su
voz era tan fuerte como el estruendo de una catarata.
En su mano derecha tenía siete estrellas, y de su boca
salía una aguda espada de dos filos. Su rostro era
como el sol cuando brilla en todo su esplendor.*

Apocalipsis 1.14-16

*Deléitate en el Señor, y él te concederá
los deseos de tu corazón.*

Salmos 37.4

*Así que acerquémonos confiadamente al trono de la
gracia para recibir misericordia y hallar la gracia que
nos ayude en el momento que más la necesitemos.*

Hebreos 4.16

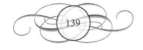

MIEDO

Temer a los hombres resulta una trampa, pero el que confía en el Señor sale bien librado. Tú estás empezando a darte cuenta hasta dónde tu vida es obstaculizada por el miedo a los hombres. Esta condición ha sido una parte tan importante en tu existencia diaria que te ha impedido reconocerla hasta hace poco. Ahora que te das cuenta de lo que está pasando, déjame ayudarte a liberarte de este miedo a la desaprobación de otras personas.

Te voy a dar un acercamiento dual para que confrontes esta condición paralizante. Primero, reemplaza tu miedo de no agradar a la gente con un deseo ansioso de agradarme a mí, el Señor del universo. Haz de *agradarme a mí* tu más alta prioridad. Inclúyeme en tu pensamiento cada vez que te propongas hacer planes o tomar alguna decisión. Deja que tu deseo de disfrutar mi aprobación brille intensamente, iluminando tus pensamientos y decisiones.

La segunda forma de liberarte del miedo al hombre es desarrollar una profunda confianza en mí. En lugar de tratar de complacer a la gente para que te den lo que quieres, confía en mí, el Proveedor de *todo lo que necesitas*. *Mis gloriosas riquezas* nunca se agotan, como tampoco mi amor por ti. La gente te puede engañar fácilmente, prometiéndote cosas que no piensan darte. Incluso si pudieran

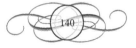

cumplir por un tiempo, en cualquier momento pueden
cambiar de parecer. Debido a que *yo soy siempre el mismo*,
soy absolutamente fiable. Confiar en la gente es arriesgado.
Confiar en mí es sabio. Te mantiene seguro.

*Temer a los hombres resulta una trampa, pero
el que confía en el SEÑOR sale bien librado.*
PROVERBIOS 29.25

*Por eso nos empeñamos en agradarle, ya sea que
vivamos en nuestro cuerpo o que lo hayamos dejado.*
2 CORINTIOS 5.9

*Así que mi Dios les proveerá de todo lo que necesiten,
conforme a las gloriosas riquezas que tiene en Cristo Jesús.*
FILIPENSES 4.19

Pero tú eres siempre el mismo, y tus años no tienen fin.
SALMOS 102.27

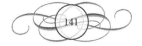

GRACIA

Hasta tus errores se pueden reciclar en algo bueno mediante mi gracia transformadora. ¿Lo crees? ¿Crees que tus errores se pueden usar para bien en mi reino?

Cuando te das cuenta de que has hecho algo mal, es fácil empezar a fantasear sobre *cómo habrían sido las cosas* si solo hubieras decidido actuar de forma diferente. ¡Pero con esto no se consigue nada!

La mejor estrategia para aceptar cuando has cometido un error es acercarte más a mí. Esta cercanía te ayuda a ver las cosas desde mi perspectiva. Tú tiendes a verte como alguien que sería casi diferente: yo te veo como mi amado hijo, débil en muchas maneras, con tendencia a alejarte de mí. Sin embargo, tus debilidades y tus veleidades no pueden disminuir mi amor constante por ti. Es más, mi sabiduría infinita me permite tomar tus errores y tejerlos en una intrincada obra que es buena.

Tú necesitas aceptarte no solo a ti mismo, sino las decisiones que has hecho. Fantasear acerca de haber hecho las cosas diferentes es una trampa de pérdida de tiempo. Cuanto más fantaseas, más te alejas de mí. Cuando te des cuenta de que esto ha ocurrido, vuélvete a mí sin pérdida de tiempo. Dispón de tiempo para hablar conmigo y recupera la calma en mi presencia. Tus tendencias perfeccionistas se disolverán cuando te empapes en mi gracia transformadora.

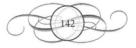

*Tan compasivo es el Señor con los que le temen
como lo es un padre con sus hijos. Él conoce
nuestra condición; sabe que somos de barro.*
SALMOS 103.13, 14

*Que sea tu gran amor mi consuelo, conforme
a la promesa que hiciste a tu siervo.*
SALMOS 119.76

*En él tenemos la redención mediante su sangre,
el perdón de nuestros pecados, conforme a
las riquezas de la gracia que Dios nos dio en
abundancia con toda sabiduría y entendimiento.*
EFESIOS 1.7, 8

LIBERTAD EN ÉL

¡Yo te he salvado absoluta, perfecta, totalmente por toda la eternidad! Así es que tu salvación está absolutamente asegurada. Quiero que vivas en la libertad que fluye de este don indescriptible. Para esto fue que vine al mundo: para *hacerte libre* del pecado y su esclavitud. Deja que la gloriosa verdad del evangelio te empape absolutamente y vas a experimentar más y más la condición de libre.

Yo soy el Intercesor ideal para ti porque te entiendo completamente. Por treinta y tres años viví como un hombre en tu mundo y conozco de primera mano lo difícil que es resistir la tentación. *Yo fui llevado al desierto para que el diablo me sometiera a tentación* durante cuarenta días y cuarenta noches con nada para comer. A través de mi vida en la tierra sufrí una tentación tras otra. Cuando iban a crucificarme, la gente se mofó de mí sin misericordia diciendo que creerían en mí *si yo me bajaba de la cruz*. Yo era absolutamente capaz de hacerlo, lo que hacía de la tentación algo aún más agonizante.

Ahora, *vivo para interceder por ti*. Ya que soy infinito en todos mis caminos, jamás estoy demasiado ocupado: siempre estoy disponible para ti. Cuando languideces en las sombras, sintiéndote mal acerca de ti mismo, yo te espero. Cuando vienes libremente a mi brillante presencia buscando mi ayuda, yo me gozo respondiendo a tus

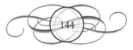

necesidades. Recuerda que yo soy quien te entiende perfectamente y te ama eternamente.

Por eso también puede salvar por completo a
los que por medio de él se acercan a Dios, ya
que vive siempre para interceder por ellos.
HEBREOS 7.25

Y conocerán la verdad, y la verdad los hará libres.
JUAN 8.32

Luego el Espíritu llevó a Jesús al desierto para que el
diablo lo sometiera a tentación. Después de ayunar
cuarenta días y cuarenta noches, tuvo hambre.
MATEO 4.1, 2

Que baje ahora de la cruz ese Cristo, el rey de
Israel, para que veamos y creamos. También lo
insultaban los que estaban crucificados con él.
MARCOS 15.32

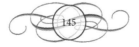

ACTITUD

S<small>I ES POSIBLE, HASTA DONDE DEPENDA DE TI, VIVE EN</small>
<small>PAZ CON TODOS.</small> La mayoría de la gente prefiere vivir en
paz con los demás, pero cuando hay conflictos, muchos
esperan que la otra persona haga el primer movimiento.
Siempre habrá problemas cuando *ambas* partes esperan
que sea el otro el que dé el primer paso. Por eso, el apóstol Pablo dice que cada persona ofendida vaya a la otra.
Si solo uno de los dos sigue esta enseñanza, hay buenas
posibilidades de que la relación se restaure.

La enseñanza de Pablo coincide con la mía: la reconciliación con un hermano o hermana ofendidos debe
hacerse *antes de presentar su ofrenda al altar*. En otras
palabras, restaurar la paz en tus relaciones —en cuanto
dependa de ti— es un prerrequisito para participar en la
adoración. La recomendación de Pablo incluye una importante frase calificadora: *si es posible*. Tú puedes hacer
todo correctamente, pero sin alcanzar la reconciliación.
En tal caso, estarás libre para vivir, amar y adorar con una
conciencia clara.

Para vivir en paz con todos, necesitas controlar no
solo lo que dices y haces, sino también lo que piensas.
Es común que asumas que tus pensamientos acerca de
otras personas no importen mucho siempre y cuando
los guardes para ti mismo. Sin embargo, yo estoy plenamente consciente de tus pensamientos. Cuando tú

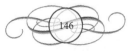

te complaces teniendo pensamientos negativos sobre alguien, tu relación con esa persona se daña. Tales pensamientos dañinos también afectan tu relación conmigo y pueden tener un efecto depresivo en ti. El remedio para esto se encuentra en volverte a mí y pedirme perdón. Luego, pídele a mi Espíritu que controle tu mente y te ayude a pensar *mis* pensamientos. Este es el camino *a la vida y a la paz.*

Si es posible, y en cuanto dependa de ustedes, vivan en paz con todos.
ROMANOS 12.18

Por lo tanto, si estás presentando tu ofrenda en el altar y allí recuerdas que tu hermano tiene algo contra ti, deja tu ofrenda allí delante del altar. Ve primero y reconcíliate con tu hermano; luego vuelve y presenta tu ofrenda.
MATEO 5.23, 24

La mentalidad pecaminosa es muerte, mientras que la mentalidad que proviene del Espíritu es vida y paz.
ROMANOS 8.6

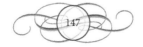

SU SUFICIENCIA

TE ESTOY ENSEÑANDO EL SECRETO DE ESTAR CONTENTO EN TODA Y CADA SITUACIÓN. Este secreto es todo sobre *mí*: quién soy y qué te ofrezco. Yo soy tu Creador y Rey, tu Salvador y tu Pastor. Te ofrezco a mí mismo en todo mi poder y gloria. Yo soy el único que te puede capacitar para encontrar contentamiento en toda circunstancia.

Yo he prometido *proporcionarte de todo lo que necesitas, conforme a mis gloriosas riquezas.* Cuanto más grande es tu necesidad, más te invito a que te aventures en las misteriosas profundidades de mi Ser. La intimidad conmigo *te fortalece* a la vez que te llena de un gozo trascendental.

Algunos de mis seguidores se sienten cómodos viviendo con necesidades no obstante que luchan por tener abundancia. Y cuando les suplo abundantemente, se sienten indignos e incluso culpables. ¡Qué pena me da esto! Imagínate a un padre rico dando a su hijo amado un regalo caro que este estaba deseando. La reacción esperada sería de alegría y gratitud. Si en lugar de eso el niño se siente indigno de este regalo tan costoso, el padre generoso podría sentirse profundamente decepcionado y hasta herido. Así es como me siento yo cuando mis hijos no me agradecen cuando reciben de mí abundancia. El secreto de estar contento es confiar en mí con la sencillez de un niño; en mis riquezas infinitas y mi amor generoso.

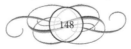

No esperes entender mis caminos contigo. Recuerda que *mis caminos y pensamientos son más altos que los tuyos ¡más altos que los cielos sobre la tierra!*

Sé lo que es vivir en la pobreza, y lo que es vivir en la abundancia. He aprendido a vivir en todas y cada una de las circunstancias, tanto a quedar saciado como a pasar hambre, a tener de sobra como a sufrir escasez. Todo lo puedo en Cristo que me fortalece.
FILIPENSES 4.12, 13

Así que mi Dios les proveerá de todo lo que necesiten, conforme a las gloriosas riquezas que tiene en Cristo Jesús.
FILIPENSES 4.19

«Porque mis pensamientos no son los de ustedes, ni sus caminos son los míos —afirma el SEÑOR—. Mis caminos y mis pensamientos son más altos que los de ustedes; ¡más altos que los cielos sobre la tierra!».
ISAÍAS 55.8, 9

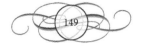

DEPENDER DE ÉL

Yo te he llamado de las tinieblas a mi luz maravillosa. No solo te saqué *de las tinieblas,* sino que *te incorporé* a mi linaje real. Te vestí con mi *propio manto de la justicia,* haciéndote apto para mi reino. Tú eres uno de mi *propio pueblo especial*: me perteneces, y yo me deleito en ti.

He decidido usar a gente imperfecta, como tú, para que *proclame mis alabanzas.* Sé que te das cuenta de que no puedes hacerlo como quisieras. La verdad es que, sin mi ayuda, no podrías hacer nada. Esta brecha entre mi llamado a tu vida y tu capacidad para responder es parte de mi plan. Realza tu convicción de tu total insuficiencia. Porque eres mío, te permito que conectes tu profunda insuficiencia a mi sobreabundante suficiencia. En lugar de concentrarte en tu imperfección, haz todos los esfuerzos que puedas para mantenerte conectado conmigo. Cuanto más dependas de mis recursos, más podrás celebrar mi majestad. En lo que sea que hagas, descansa consecuentemente en mi ayuda, viviendo en el gozo maravilloso del olvido de ti mismo. Al volverte a mí continuamente por todas tus necesidades, tu rostro reflejará la luz de mi gloria sin par.

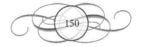

Pero ustedes son linaje escogido, real sacerdocio,
nación santa, pueblo que pertenece a Dios, para
que proclamen las obras maravillosas de aquel que
los llamó de las tinieblas a su luz admirable.
1 PEDRO 2.9

Me deleito mucho en el SEÑOR; me regocijo en mi Dios.
Porque él me vistió con ropas de salvación y me cubrió
con el manto de la justicia. Soy semejante a un novio que
luce su diadema, o una novia adornada con sus joyas.
ISAÍAS 61.10

«Yo soy la vid y ustedes son las ramas. El que
permanece en mí, como yo en él, dará mucho fruto;
separados de mí no pueden ustedes hacer nada».
JUAN 15.5

Así, todos nosotros, que con el rostro descubierto
reflejamos como en un espejo la gloria del Señor,
somos transformados a su semejanza con más y más
gloria por la acción del Señor, que es el Espíritu.
2 CORINTIOS 3.18

EL FUTURO

Yo sé los planes que tengo para ti, planes de prosperarte y no de perjudicarte, planes de darte
esperanza y un futuro. Esta promesa provee una fiesta
de estímulo: ofrecimiento de prosperidad, esperanza y un
futuro bendecido. Debido a que el mundo está tan fracturado y lleno de dolor, la gente tiende a tener pensamientos
tenebrosos y a sentirse sin esperanza para el futuro. A menos que tú permanezcas alerta, también serás vulnerable
a tales pensamientos y sentimientos. Esto te hace fácil
presa de *tu enemigo el diablo que ronda como león rugiente, buscando a quién devorar.* ¡Yo entregué mi cuerpo en
la cruz para proveerte un sustento eterno, pero el diablo
quiere devorarte! El contraste es claro como el cristal y lo
que está en juego es inmensurable alto.

La humanidad tiene un apetito voraz por saber lo
que le depara el futuro. Astrólogos y adivinos se aprovechan de este deseo fuerte por penetrar en *lo secreto que
solo me pertenece a mí.* Sin embargo, para disfrutar conmigo debes vivir en el presente. Aquí es donde puedes
encontrarme y disfrutar de mi presencia. Cuando vengas
a sentarte conmigo a la mesa de mis delicias, no te olvides
de traer tu tenedor de la verdad y tu cuchara de gratitud.
Tómate todo el tiempo para disfrutar conmigo, y tu *alma
se deleitará con manjares deliciosos.*

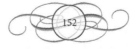

«Porque yo sé muy bien los planes que tengo para
ustedes —afirma el SEÑOR—, planes de bienestar y no de
calamidad, a fin de darles un futuro y una esperanza».
JEREMÍAS 29.11

Practiquen el dominio propio y manténganse
alerta. Su enemigo el diablo ronda como león
rugiente, buscando a quién devorar.
1 PEDRO 5.8

Lo secreto le pertenece al SEÑOR nuestro Dios,
pero lo revelado nos pertenece a nosotros
y a nuestros hijos para siempre, para que
obedezcamos todas las palabras de esta ley.
DEUTERONOMIO 29.29

¿Por qué gastan dinero en lo que no es pan, y su salario
en lo que no satisface? Escúchenme bien, y comerán lo
que es bueno, y se deleitarán con manjares deliciosos.
ISAÍAS 55.2

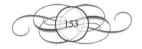

PRUEBAS

CONMIGO, TODAS LAS COSAS SON POSIBLES. Cuando en tu andar por la vida chocas con serias dificultades, quiero que lo *consideres muy dichoso*. Y al rebotar en tales «imposibilidades» encontrarás abiertos *mis brazos* eternos, listos para abrazarte, para calmarte y ayudarte a hacer lo que no parece posible. Puedes sentir gozo en medio de problemas complicados porque yo soy *Dios tu libertador*. Yo ya he realizado el milagro más grande: salvarte de tus pecados. Si mantienes tu vista puesta en mí, tu Señor resucitado y Rey, tu pesimismo terminará dando lugar al valor. Aunque en muchas formas tú eres una criatura terrestre, tu alma participa en mi victoria eterna.

Dado a que yo soy infinito, las «imposibilidades» son mi especialidad. Me deleito en ellas porque me permiten desplegar vívidamente mi gloria. También te ayudan a vivir en la forma que yo proyecté: gozosamente, dependiendo confiadamente en mí. La próxima vez que enfrentes una situación «imposible», ven inmediatamente a mí con un corazón lleno de esperanza. Admite que eres totalmente incapaz y aférrate a mí, descansando en mi suficiencia infinita. *¡Todo es posible para mí!*

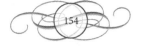

—Para los hombres es imposible —aclaró Jesús,
mirándolos fijamente—, mas para Dios todo es posible.
MATEO 19.26

Hermanos míos, considérense muy dichosos cuando
tengan que enfrentarse con diversas pruebas, pues ya
saben que la prueba de su fe produce constancia.
SANTIAGO 1.2, 3

El Dios eterno es tu refugio; por siempre te sostiene
entre sus brazos. Expulsará de tu presencia al
enemigo y te ordenará que lo destruyas.
DEUTERONOMIO 33.27

Aunque la higuera no florezca, ni haya frutos en las
vides; aunque falle la cosecha del olivo, y los campos no
produzcan alimentos; aunque en el aprisco no haya ovejas,
ni ganado alguno en los establos; aun así, yo me regocijaré
en el SEÑOR, ¡me alegraré en Dios, mi libertador!
HABACUC 3.17, 18

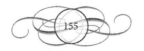

ESFORZARSE

Para recibir mi paz, debes cambiar tu actitud controladora por una de sinceridad y confianza. Mantener control es tu forma de sentirte seguro. Sin embargo, tal actitud te puede herir y terminar actuando en contra tuya. Cuanto más manipulas y maniobras para tener el control, más ansioso te vuelves.

En lugar de buscar la paz mental a través de estos medios, abandónate a mí. Mi mano es la única cosa de la que te puede sujetar sin que tu alma sufra daño. Déjame ayudarte a abrir tus manos y recibir todo lo que tengo para ti.

Lo que hagas con tu cuerpo puede ayudar o estorbar lo que tiene que ver con tu alma. Cuando te des cuenta de que estás esforzándote para mantener el control, pon atención a tu lenguaje corporal. Intencionalmente abre tus manos, entregando tus preocupaciones a mí e invitándome a hacerme cargo de todo. Abre también tu corazón y tu mente mientras levantas tus manos hacia mí. Al hacerlo, estarás preparado para recibir mis muchas bendiciones, no la menor de las cuales es estar consciente de mi presencia.

Disfruta la paz que fluye de mí mientras te solazas en la luz de mi amor. Entonces, cuando retomes tus actividades, conscientemente tómate de mi mano en inocente dependencia. *Porque yo soy el Señor tu Dios, que sostiene tu mano derecha, y te dice, «No temas; yo te ayudaré».*

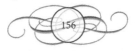

*Quiero, pues, que en todas partes los hombres
oren, levantando las manos al cielo con pureza
de corazón, sin enojos ni contiendas.*
1 TIMOTEO 2.8

*Al atardecer de aquel primer día de la semana,
estando reunidos los discípulos a puerta cerrada por
temor a los judíos, entró Jesús y, poniéndose en medio
de ellos, los saludó. —¡La paz sea con ustedes!*
JUAN 20.19

*Por tanto, el que se humilla como este niño será
el más grande en el reino de los cielos.*
MATEO 18.4

*Porque yo soy el SEÑOR, tu Dios, que sostiene tu mano
derecha; yo soy quien te dice: «No temas, yo te ayudaré».*
ISAÍAS 41.13

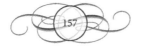

157

SEGURIDAD

LA VERDAD ESTÁ EN EL CORAZÓN DE QUIEN SOY; POR ESO, TÚ NO PODRÁS AMARME SIN AMAR LA VERDAD. *De hecho, para esto vine al mundo: para dar testimonio de la verdad.* Aborrezco la mentira, especialmente sobre la salvación, la cual *es solo por mí*. En esta era de «tolerancia» mucha gente considera algo arrogante creer en la verdad absoluta. Sin embargo, si el evangelio no fuera absolutamente verdad, no sería de manera alguna las buenas nuevas que es. Si fuera solo parcialmente la verdad, quien creyera en mí como su Salvador *será el más desdichado de todos los mortales.*

Tanto mis palabras como mis obras *dan testimonio de la verdad.* Yo llevé a cabo incontables *señales milagrosas* para que el despliegue de mi gloria pudiera confirmar la verdad de mi enseñanza. Mi resurrección y ascensión verificaron, además, que yo soy quien dice que soy: el único verdadero Dios-Salvador.

Yo quiero que construyas tu vida sobre mi verdad trascendente. Al *escuchar mi voz,* a través de mi Palabra y mi Espíritu, tu vida adquiere sentido y propósito. Puedes enfrentar cada día con confianza: seguro en mi amor eterno, aceptando los retos como aventuras para compartir contigo. Cuanto más construyes tu vida sobre la verdad, más cerca de mí vivirás, disfrutando de mi compañía, dependiendo de mí y glorificándome.

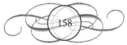

—Yo soy el camino, la verdad y la vida —le contestó
Jesús—. Nadie llega al Padre sino por mí.
JUAN 14.6

—¡Así que eres rey! —le dijo Pilato. —Eres tú quien
dice que soy rey. Yo para esto nací, y para esto vine
al mundo: para dar testimonio de la verdad. Todo
el que está de parte de la verdad escucha mi voz.
JUAN 18.37

Si la esperanza que tenemos en Cristo fuera solo para esta
vida, seríamos los más desdichados de todos los mortales.
1 CORINTIOS 15.19

Jesús hizo muchas otras señales milagrosas en presencia
de sus discípulos, las cuales no están registradas
en este libro. Pero estas se han escrito para que
ustedes crean que Jesús es el Cristo, el Hijo de Dios,
y para que al creer en su nombre tengan vida.
JUAN 20.30, 31

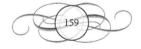

INTIMIDAD CON ÉL

Yo —el eterno amante de tu alma— deseo tener una íntima conexión contigo. Cuando procuras conocerme mejor, me produce una gran alegría. El conocimiento que tengo de ti es ilimitado. Conozco todo sobre ti y decidí amarte fervientemente a pesar de tus imperfecciones. Ya he pagado la multa por todas las cosas en tu vida —pasado, presente y futuro—, cosas que podrían haberte aislado de mí.

Aunque todavía hay oscuridades en tu corazón, *la luz en tu corazón para que conozcas la gloria de Dios* sigue brillando dentro de ti, *como una lámpara que brilla en un lugar oscuro, hasta que despunte el día y salga el lucero de la mañana en tu corazón*. Tu parte en este drama es esperar confiadamente en mi santa presencia. Esta es la forma más efectiva para desarrollar una relación más íntima conmigo. Aunque esperar puede requerir una difícil disciplina, las bendiciones superan lejos tu esfuerzo. Además, el esfuerzo *mismo* puede bendecirte porque te mantiene concentrado en mí. Mientras esperas en la luz de mi presencia, mi amor desciende directamente sobre ti. En esta brillante luz-Amor puedes llegar a tener vislumbres de *la gloria que resplandece en mi rostro*.

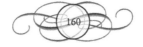

Pues todos han pecado y están privados de la gloria de Dios, pero por su gracia son justificados gratuitamente mediante la redención que Cristo Jesús efectuó.
ROMANOS 3.23, 24

Porque Dios, que ordenó que la luz resplandeciera en las tinieblas, hizo brillar su luz en nuestro corazón para que conociéramos la gloria de Dios que resplandece en el rostro de Cristo.
2 CORINTIOS 4.6

Esto nos ha venido a confirmarnos la palabra de los profetas, a la cual ustedes hacen bien en prestar atención, como a una lámpara que brilla en un lugar oscuro, hasta que despunte el día y salga el lucero de la mañana en sus corazones.
2 PEDRO 1.19

Espero al SEÑOR, lo espero con toda el alma; en su palabra he puesto mi esperanza. Espero al SEÑOR con toda el alma, más que los centinelas la mañana...
SALMOS 130.5, 6

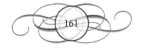

AGRADARLE A ÉL

Yo te bendigo y te guardo; hago resplandecer mi rostro sobre ti; vuelvo mi rostro hacia ti y te doy paz. Quiero que medites en esta bendición porque expresa muy bien lo rebosante de mi corazón hacia ti. Anhelo bendecir a mis hijos, pero con bastante frecuencia no están dispuestos a venir a mí y permanecer en mi amorosa presencia. Prefieren volverse a pequeños dioses: personas, riquezas, éxitos. Tú no eres inmune a tales idolatrías, pero tienes algunos momentos brillantes en los cuales me buscas primeramente a mí. Como *has probado y visto que yo soy bueno*, tu apetito por mí mejora continuamente.

Muy dentro del corazón humano yace un intenso deseo de tener mi aprobación. Muchos me odian porque temen mi desaprobación. Ellos saben instintivamente que han violado mis leyes, por lo que tratan de estar lo más lejos posible de mí. Quienes así actúan no reconocen que mi presencia es universal; que no hay lugar en al universo donde yo no esté. ¡Cuán trágico es que tantos quieran huir de mí en lugar de venir, creyendo, para vida! Los que vienen a mí descubren que *mi yugo es suave y mi carga es liviana*. Como tú, encuentran no solo mi aprobación, sino también *descanso para sus almas*. Mientras yo te estoy bendiciendo con descanso de tu alma, generosamente *te conceda la paz*.

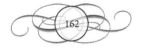

*El Señor te bendiga y te guarde; el Señor te
mire con agrado y te extienda su amor; el Señor
te muestre su favor y te conceda la paz.*
NÚMEROS 6.24-26

*Prueben y vean que el Señor es bueno;
dichosos los que en él se refugian.*
SALMOS 34.8

*Porque la voluntad de mi Padre es que todo el
que reconozca al Hijo y crea en él tenga vida
eterna, y yo lo resucitaré en el día final.*
JUAN 6.40

*«Vengan a mí todos ustedes que están cansados y
agobiados, y yo les daré descanso. Carguen con mi
yugo y aprendan de mí, pues yo soy apacible y humilde
de corazón, y encontrarán descanso para su alma.
Porque mi yugo es suave y mi carga es liviana».*
MATEO 11.28-30

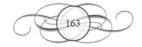

MIEDO

Yo MISMO VOY DELANTE DE TI ABRIÉNDOTE CAMINO. *Nunca te dejaré ni te abandonaré*. Por lo tanto, no tienes por qué tener miedo o sentirte desalentado. Me doy cuenta de que, a menudo, los sentimientos no se someten a la lógica. Así es que no te sorprendas cuando tus emociones se rebelan contra tu voluntad. David —que fue un tremendo guerrero y un gran poeta— expresó en algunos de sus salmos temor, estremecimiento e incluso un horror abrumador. Pero su confianza en mí fue genuina y profunda. Su vida y sus escritos demuestran que el miedo no «triunfa» sobre la confianza: pueden coexistir. Por eso fue que David dijo: «Cuando me asalte el temor, confiaré en ti».

Confianza es una palabra relacional. Es una de las principales formas en que puedes acercarte a mí. Cuando te asalte el miedo, no te culpes por tener esa emoción tan humana. En lugar de eso, reconoce lo que estás sintiendo; luego, afirma tu confianza en mí, en alta voz o en un susurro. Esta afirmación te protegerá de la mentira que el sentimiento de miedo te quiere hacer creer que no confías en mí. Aún mejor, te hace consciente de mi presencia donde puedes encontrar tranquilidad y esperanza. La luz de mi presencia ilumina las vastas dimensiones de mi amor por ti, capacitándote para *comprender cuán ancho y largo, alto y profundo es mi amor, y conocer este amor que sobrepasa nuestro conocimiento*.

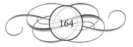

*El Señor mismo marchará al frente de
ti y estará contigo; nunca te dejará ni te
abandonará. No temas ni te desanimes.*
DEUTERONOMIO 31.8

Temblando estoy de miedo, sobrecogido estoy de terror.
SALMOS 55.5

Cuando siento miedo, pongo en ti mi confianza.
SALMOS 56.3

*Y pido que, arraigados y cimentados en amor, puedan
comprender, junto con todos los santos, cuán ancho y
largo, alto y profundo es el amor de Cristo; en fin, que
conozcan ese amor que sobrepasa nuestro conocimiento,
para que sean llenos de la plenitud de Dios.*
EFESIOS 3.18, 19

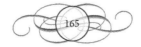

PERMANECER EN ÉL

Yo soy tu fuerza y tu escudo. Cuando confías en mí
—en mi fuerza impresionante y escudo protector— *estás
recibiendo una ayuda* tremenda. El peso de tus preocupaciones te abandona cuando te conectas conmigo a través
de la confianza. Como resultado, la liviandad que sientes
dentro de ti hace que el gozo se haga presente en tu vida y
así puedas disfrutar de mi luz dichosa. Yo te he dicho que
*el que me sigue no andará en tinieblas, sino que tendrá la
luz de la vida.* Una excelente forma de mantenerte cerca
de mí es poner toda tu confianza en mí. ¡un corazón que
confía en mí puede incluso *saltar de alegría!*

Otra buena forma de seguirme de cerca es dar gracias en cada situación. Una de las oraciones más sencillas,
pero a la vez más efectiva, es: «¡Gracias, Señor Jesús!». Te
animo a que expreses tu gratitud en una variedad de maneras: si eres artista, puedes expresarte a través del canto,
la danza, pintando, esculpiendo. Si tienes el don de expresarte verbalmente, puedes decir o escribir alabanzas
a mí. Más profundamente, puedes aprender a adorarme
en *todo* lo que hagas. *Trabaja de buena gana, como para
el Señor y no como para nadie en este mundo.* Dedícate a
agradecerme y a alabarme; estas deleitosas disciplinas me
glorifican y a ti te llenan de contentamiento.

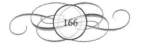

*El Señor es mi fuerza y mi escudo; mi corazón
en él confía; de él recibo ayuda. Mi corazón salta
de alegría, y con cánticos le daré gracias.*
SALMOS 28.7

*Una vez más Jesús se dirigió a la gente, y les dijo:
—Yo soy la luz del mundo. El que me sigue no andará
en tinieblas, sino que tendrá la luz de la vida.*
JUAN 8.12

*Estén siempre alegres, oren sin cesar, den gracias
a Dios en toda situación, porque esta es su
voluntad para ustedes en Cristo Jesús.*
1 TESALONICENSES 5.16-18

*Hagan lo que hagan, trabajen de buena gana, como
para el Señor y no como para nadie en este mundo.*
COLOSENSES 3.23

SU PRESENCIA

Q̲UIERO QUE PASES TIEMPO CONMIGO POR EL PURO PLA-
CER DE ESTAR EN MI COMPAÑÍA. Cuando te deleitas en mi
presencia, estás experimentando un anticipo del placer
eterno que he preparado para ti. Desafortunadamente,
el diario vivir tiende a tirarte hacia abajo y tu concentración en las tareas rutinarias a menudo oscurece tu
conciencia de mí.

Para disfrutar de mi compañía en todo lo que haces,
espera en mi presencia mientras yo me revelo a ti. Aparta
de ti pensamientos relacionados con cosas que tienes que
hacer y concéntrate placenteramente en mí. Deja que la
seguridad de mi presencia se grabe en tu conciencia.
Luego, tranquilamente, pasa de este tiempo de con-
templación a tus tareas rutinarias y sigue comunicado
conmigo, pidiéndome que me involucre entusiastamente
en tu trabajo.

Una vez conectado conmigo a un nivel íntimo, podrás
encontrarme más fácilmente en medio de tus actividades.
Naturalmente, habrá ocasiones en que me perderás de vista; yo sé que no eres más que un ser humano. Pero puedes
reconectarte fácilmente acercándote a mí en tus pensamientos, palabras y sentimientos. Cuanto más me incluyes
en tu conciencia, más brillante será tu día: tus rutinas des-
tellarán con la vivacidad de mi compañía.

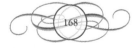

*Espero al Señor, lo espero con toda el alma; en su
palabra he puesto mi esperanza. Espero al Señor
con toda el alma, más que los centinelas la mañana.
Como esperan los centinelas la mañana.*
SALMOS 130.5, 6

*Tan compasivo es el Señor con los que le temen
como lo es un padre con sus hijos. Él conoce
nuestra condición; sabe que somos de barro.*
SALMOS 103.13, 14

*«Puesto que en él vivimos, nos movemos y
existimos». Como algunos de sus propios poetas
griegos han dicho: «De él somos descendientes».*
HECHOS 17.28

RENOVACIÓN DE LA MENTE

A MENUDO, LA GENTE PIENSA DE LOS PENSAMIENTOS COMO FUGACES Y SIN VALOR, PERO PARA MÍ TUS PENSAMIENTOS SON PRECIOSOS, TANTO, QUE LOS LEO UNO POR UNO. Mi habilidad para leer cada uno de tus pensamientos debe desconcertarte, sin duda. Tú puedes interactuar con otras personas mientras guardas tus pensamientos secretos para ti solo, pero tal cosa no ocurre conmigo. Sin embargo, ya que los secretos alimentan la soledad, ¿no es un alivio saber que hay Alguien de quien no los puedes esconder? Además, el hecho que yo me preocupe por cada aspecto de tu vida —incluidos tus pensamientos— demuestra lo importante que eres para mí.

Sé lo difícil que es para ti controlar el rumbo que debe seguir tu cerebro. Tu mente es un campo de batalla y espíritus demoníacos trabajan incesantemente para influir en tu trabajo mental. Tu propia pecaminosidad encuentra también amplia expresión en tu vida de pensamiento. ¡Por eso, necesitas estar alerta y luchar contra el mal! Yo peleé y morí por ti, por eso debes recordar quién eres y de quién eres, poniéndote el casco de la salvación con confianza. Este casco no solo protege tu mente, sino que también te recuerda de la victoria que yo alcancé para ti en la cruz.

Porque eres mi tesoro, me doy cuenta y me regocijo cada vez que tus pensamientos se vuelven a mí. Cuantos más pensamientos compartas conmigo, más disfrutarás

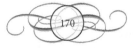

de mi gozo. Yo desarmo los pensamientos malos y los hago ineficaces; luego, te ayudo a pensar en *todo lo verdadero, todo lo respetable, todo lo justo, todo lo puro, todo lo amable, todo lo digno de admiración, todo lo que sea excelente o merezca elogio.* Piensa en esto mientras descansas en la paz de mi presencia.

Señor, tú me examinas, tú me conoces. Sabes cuándo me siento y cuándo me levanto; aun a la distancia me lees el pensamiento.
SALMOS 139.1, 2

Tomen el casco de la salvación y la espada del Espíritu, que es la palabra de Dios.
EFESIOS 6.17

Por último, hermanos, consideren bien todo lo verdadero, todo lo respetable, todo lo justo, todo lo puro, todo lo amable, todo lo digno de admiración, en fin, todo lo que sea excelente o merezca elogio.
FILIPENSES 4.8

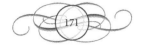

VIVIR CORRECTAMENTE

Yo soy tu redentor viviente. Aun *cuando tu piel haya sido destruida, todavía me verás físicamente con tus propios ojos.* Antes que me conocieras, eras *un esclavo del pecado.* Con el fin de redimirte —y liberarte de esa esclavitud— pagué el total de la pena por tus pecados. El precio fue astronómico: ¡el sacrificio de mi propia sangre! De modo que ahora tú me perteneces y vivirás conmigo por toda la eternidad.

Ya que *fuiste comprado* a un precio tan inmensurable, quiero que me *honres con tu cuerpo.* Me glorificarás en tu cuerpo cuidándolo y absteniéndote de inmoralidad. Tu vida es un precioso don que te he dado y quiero que la vivas plenamente en formas que me traigan gloria y te den un placer saludable. Glorifícame en tu espíritu deleitándome sobre todo lo demás. ¡Esta es la búsqueda más gozosa! El mundo contiene mucha belleza y muchas fuentes de entretenimiento, pero yo las supero en brillantez a todas. Al orientar tu espíritu hacia mí, yo te bendigo con el gozo de mi presencia. Este placer es independiente de tus circunstancias; fluye de la fuente de mi amor eterno. Porque tú eres mi redimido, ¡me deleito grandemente en ti. Te *renovaré con mi amor, me alegraré por ti con cantos.*

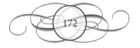

*Yo sé que mi redentor vive, y que al final triunfará
sobre la muerte. Y, cuando mi piel haya sido destruida,
todavía veré a Dios con mis propios ojos.*
JOB 19.25-27

*—Ciertamente les aseguro que todo el que peca
es esclavo del pecado —respondió Jesús—.*
JUAN 8.34

*Fueron comprados por un precio. Por
tanto, honren con su cuerpo a Dios.*
1 CORINTIOS 6.20

*El SEÑOR tu Dios está en medio de ti como guerrero
victorioso. Se deleitará en ti con gozo, te renovará
con su amor, se alegrará por ti con cantos.*
SOFONÍAS 3.17

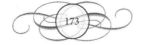

FE

SIN FE ES IMPOSIBLE AGRADARME. Esto puede parecer muy obvio, pero realmente hay mucha gente que trata de acercarse a mí sin creer que yo existo. Algunos simplemente quieren cubrir todas las bases así que hacen oraciones ocasionales por si acaso en realidad existo y algún día soy su Juez. Otros claman a mí en tiempos de extrema angustia y luego se olvidan de mí cuando la crisis ha pasado. Esta no es fe genuina y de manera alguna me complace. La fe que me complace es mucho más sustancial: *Es estar convencidos de la realidad de cosas que no vemos.*

Yo me gozo *recompensando a quienes me buscan.* No espero perfección de ti cuando me buscas porque *no olvido que eres de barro.* Sin embargo, me gozo cuando me buscas con persistencia, día tras día. Esto es extremadamente placentero para mí y yo te recompenso en numerosas maneras: te despierto el apetito para conocerme aún más íntimamente. Gradualmente cambio los deseos de tu corazón para que se complementen más y más con los contenidos en mi corazón. Cuando estás pasando por tiempos difíciles, yo derramo sobre ti ternura, amor rebosante. Al abrir tu corazón para recibir este fluir de amor, estás complaciéndome graciosamente.

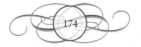

*En realidad, sin fe es imposible agradar a Dios, ya
que cualquiera que se acerca a Dios tiene que creer
que él existe y que recompensa a quienes lo buscan.*
HEBREOS 11.6

*Tener fe es tener la plena seguridad de recibir
lo que se espera; es estar convencidos de
la realidad de cosas que no vemos.*
HEBREOS 11.1 DHH

*Me buscarán y me encontrarán cuando
me busquen de todo corazón.*
JEREMÍAS 29.13

Él conoce nuestra condición; sabe que somos de barro.
SALMOS 103.14

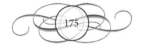

CONTROL

Glorificarme y alegrarme es una prioridad más alta que mantener una vida ordenada y bien estructurada. Tu corazón resuena con esta verdad, pero en la práctica, por lo general, tú te esfuerzas por mantener las cosas bajo control. Yo leo tus pensamientos con perfecta exactitud; por eso sé con cuánta facilidad pierdes la perspectiva. Cuando el «orden» llega a ocupar tu primera prioridad, a menudo tratas de conseguir mi ayuda para mantener el control de tus circunstancias.

Pensemos juntos sobre esto: para glorificarme y alegrarme como deseas, necesitas renunciar a controlarme. Es posible que sientas como si esto comprendiera renunciar a algo de valor porque controlar cosas es una manera de tratar de sentirte seguro. En realidad, sin embargo, a lo que te estoy pidiendo que renuncies —el esfuerzo de mantener control— es algo que te frustra mucho más de lo que te ayuda. Aun si tuvieras éxito en crear una vida ordenada por un tiempo, no serás capaz de mantenerla.

En lugar de malgastar tu energía en una tarea imposible, intenta celebrar tu relación conmigo. Aprende a *caminar a la luz de mi presencia*. Sin ninguna duda, los que caminan en esta luz pueden todo el día *alegrarse en mi nombre y regocijarse en mi justicia*. Glorifícame viviendo gozosamente en mi luz energizante.

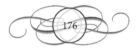

*Yo te he glorificado en la tierra, y he llevado a cabo
la obra que me encomendaste. Y ahora, Padre,
glorifícame en tu presencia con la gloria que tuve
contigo antes de que el mundo existiera.*
JUAN 17.4, 5

*SEÑOR, tú me examinas, tú me conoces. Sabes
cuándo me siento y cuándo me levanto; aun
a la distancia me lees el pensamiento.*
SALMOS 139.1, 2

*Dichosos los que saben aclamarte, SEÑOR, y caminan
a la luz de tu presencia; los que todo el día se alegran
en tu nombre y se regocijan en tu justicia.*
SALMOS 89.15, 16

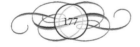

ADORACIÓN

Yo soy el sol de justicia, gloriosamente brillante y digno de toda adoración. Hay *salud en mis alas y mis rayos* de luz gloriosa. Espera conmigo mientras mi presencia sanadora brilla sobre y dentro de ti. Abre tu alma para recibir todo el espectro de estos destellos de gloria. Deja que mi luz viviente te energice tan generosamente que salgas de este tiempo de espera *y saltes como ternero del establo*.

Mis promesas están maduras con abundantes bendiciones, pero no son para todo el mundo. Solo aquellos que *temen mi nombre* recibirán los beneficios prometidos. Mucha gente abusa irresponsablemente de mi Nombre usándolo como una palabrota barata. Esto es una blasfemia y tiene serias consecuencias. Los blasfemos no pueden esperar recibir algún favor de mí a menos que se arrepientan. Yo quiero que todos reverencien mi Nombre, reconociéndolo como sagrado porque me representa a mí, *el Rey de gloria*. Como tú *honras* mi Nombre, eres libre de disfrutar las cosas buenas que he prometido: sanidad en la intimidad de mi presencia, un gozo exuberante que no se puede contener y mucho más. Mientras disfrutas estas deliciosas bendiciones, recuerda hablar a otros acerca de tu glorioso Rey. Así, ellos también pueden llegar a ser adoradores que me reverencien y alaben mi santo Nombre.

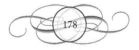

*Mas para vosotros que teméis mi nombre, se
levantará el sol de justicia con la salud en sus alas;
y saldréis y saltaréis como terneros del establo.*
MALAQUÍAS 4.2 LBLA

*No pronuncies el nombre del Señor tu Dios a
la ligera. Yo, el Señor, no tendré por inocente a
quien se atreva a usar mi nombre en falso.*
ÉXODO 20.7

*Eleven, puertas, sus dinteles; levántense, puertas
antiguas, que va a entrar el Rey de la gloria.*
SALMOS 24.7

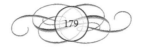

SU AMOR

MI AMOR NO MENGUA, SINO SE PROYECTA HACIA EL FUTURO DE GLORIA PARA SIEMPRE. Yo soy el Amante misterioso que *nunca* te dejará. Mucha gente desprecia lo misterioso porque quieren reducir la vida a lo que pueden comprender a través de sus sentidos y razonamiento. Esto es como tratar de amar a alguien pasando tiempo con una foto de la persona en lugar de con la persona misma. El amor es tanto misterioso como sagrado porque es la esencia de la relación perfecta que nosotros disfrutamos dentro de la Trinidad. También es como yo —tu Salvador que vive— decidió relacionarse *contigo*. Entre nosotros no hay barreras porque *mi sangre te continúa limpiando de todo pecado*. Por lo tanto, eres libre de *acercarte a mí*; en respuesta, yo me acerco a ti.

Una forma muy efectiva de acercarte a mí es meditar en la fuerza de mi amor: *Ni las muchas aguas pueden apagarlo, ni los ríos pueden extinguirlo*. Este amor es la fuerza más poderosa en el universo y será el que prevalezca en tu vida, en la medida en que crees en mí y por toda la eternidad. Recuerda que tú eres *mi amado*; esta es tu identidad para siempre. Regocíjate en esta seguridad íntima, ¡porque vale más que todas las riquezas del mundo!

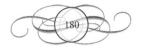

*Pero si vivimos en la luz, así como él está en la luz,
tenemos comunión unos con otros, y la sangre de
su Hijo Jesucristo nos limpia de todo pecado.*
1 JUAN 1.7

Acérquense a Dios, y él se acercará a ustedes.
SANTIAGO 4.8

*Ni las muchas aguas pueden apagarlo, ni los ríos pueden
extinguirlo. Si alguien ofreciera todas sus riquezas
a cambio del amor, sólo conseguiría el desprecio.*
CANTAR DE LOS CANTARES 8.7

*Y nosotros hemos llegado a saber y creer que Dios
nos ama. Dios es amor. El que permanece en amor,
permanece en Dios, y Dios en él. Ese amor se manifiesta
plenamente entre nosotros para que en el día del juicio
comparezcamos con toda confianza, porque en este
mundo hemos vivido como vivió Jesús. En el amor no hay
temor, sino que el amor perfecto echa fuera el temor.*
1 JUAN 4.16-18

IDOLATRÍA

Mis ojos se extienden a través de la tierra para fortalecer a aquellos cuyos corazones están plenamente comprometidos conmigo. En este mundo de «vueltas y giros» y abiertas mentiras, te aseguro que mis ojos ven todo con perfecta claridad. Por supuesto, eso significa que también veo todo acerca de *ti*. *Nada es tan engañoso como el corazón* —en su condición caída. Fabricar ídolos es una cualidad innata de toda la gente, y también de mis seguidores. Hasta las cosas buenas pueden transformarse en ídolos si se ponen en el primer lugar en tu corazón. Sin embargo, tu deseo por un corazón *fiel* a mí te hace susceptible de aprender. Cuando mi Espíritu denuncia la presencia de un ídolo, tú lo confiesas como un pecado y te vuelves a mí: *tu primer amor*. En respuesta, yo te fortalezco y capacito para que vivas para mí más y más. De esta manera, al trabajar juntos, tu corazón se hace más dedicado a mí.

Si te asustas ante la idea de que yo veo cada cosa en tu vida, recuerda que lo que veo lo veo a través de los ojos de mi gracia. Aunque nada puede permanecer oculto a mi vista, mi decisión es verte a ti a través de la visión de gracia: te veo radiantemente ataviado con *ropas de salvación*, ¡y esta es una visión gloriosa! Mírame; deja que el amor de aprobación de mis ojos te fortalezca y te deleite.

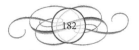

*El Señor recorre con su mirada toda la tierra y
está listo para ayudar a quienes le son fieles.*
2 Crónicas 16.9

*Nada hay tan engañoso como el corazón. No
tiene remedio. ¿Quién puede comprenderlo?*
Jeremías 17.9

*Sin embargo, tengo en tu contra que has
abandonado tu primer amor.*
Apocalipsis 2.4

*Me deleito mucho en el Señor; me regocijo en mi Dios.
Porque él me vistió con ropas de salvación y me cubrió
con el manto de la justicia. Soy semejante a un novio que
luce su diadema, o una novia adornada con sus joyas.*
Isaías 61.10

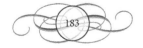

CONFIANZA

No tengas miedo de malas noticias. Yo quiero que tu corazón esté *firme, confiando en mí y en mi gran amor.* Recuerda que mi amor por ti es independiente de cómo te comportas. Así que, cuando sientas que la ansiedad o el miedo se están apoderando de ti, ten por seguro que no te voy a amar menos por eso. Tener un corazón firme es una meta excelente y tú estás haciendo algún progreso en este empeño. Yo soy como un padre orgulloso al ver cómo su bebé da sus primeros pasos, ansioso de ver que vas adquiriendo confianza, aunque sea de a poco. No importa cuán vacilante sea tu andar, yo aplaudo cada paso de confianza como si fuera una proeza olímpica. Cuando tropiezas o caes, te doy tiempo para que te levantes. Sin embargo, si alzas tus brazos a mí buscando que te ayude, no podría resistir acudir en tu ayuda.

Buscar mi ayuda demuestra una genuina confianza en mí. Es fácil que te vuelvas contra ti mismo cuando has fallado, pero tal cosa no me agrada. Algunos de mis hijos echan la culpa a otros —o a mí— por sus fallas. Todas estas reacciones son mortificantes y contraproducentes. Cuanto más pronto te vuelvas a mí, será mejor. Mi amor tierno puede suavizar tu orgullo herido y ayudarte a aprender de tus errores. Si te sientas en las cenizas del fracaso y me miras a mí, serás más humilde. Te darás cuenta de que me necesitas siempre

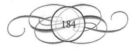

para desarrollar un corazón firme. *En mi gran amor, yo te guiaré. En mi fuerza te llevaré* todo el camino hasta llegar *a mi santa morada.*

No temerá recibir malas noticias; su corazón estará firme, confiado en el Señor.
SALMOS 112.7

Por la mañana hazme saber de tu gran amor, porque en ti he puesto mi confianza. Señálame el camino que debo seguir, porque a ti elevo mi alma.
SALMOS 143.8

Y a confortar a los dolientes de Sion. Me ha enviado a darles una corona en vez de cenizas, aceite de alegría en vez de luto, traje de fiesta en vez de espíritu de desaliento [...] para mostrar su gloria.
ISAÍAS 61.3

Por tu gran amor guías al pueblo que has rescatado; por tu fuerza los llevas a tu santa morada.
ÉXODO 15.13

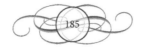

DEPENDER DE ÉL

Anda ligeramente a través del día, apoyándote en mí y disfrutando de mi presencia. Te digo *gentilmente*, no solo porque es la mejor manera en que puedas dar atención a todas las demandas del día, sino porque yo mismo soy gentil, especialmente con los débiles. Tú necesitas apoyarte en alguien y yo soy, definitivamente, la Persona más confiable que podrías encontrar. Yo —el Señor del universo— estoy siempre listo para ayudarte.

Mi disponibilidad está basada en mi compromiso para contigo, el cual es más profundo y más fuerte que incluso los más ardientes votos de bodas. Sin importar lo apasionadamente enamorados que puedan estar los novios, sus votos duran solo hasta que uno de ellos muere. Mi compromiso, sin embargo, es absolutamente ilimitado. Cuando me pediste que fuera tu Salvador, te desposé eternamente. *¡Ni la muerte ni la vida, ni cosa alguna en toda la creación, podrá apartarte de mi amor!*

Te invito a que te apoyes en mí cuanto quieras, pero también deseo que sientas alegría estando conmigo. Cuando estás preocupado por algo, te es más fácil buscarme como un soporte que disfrutar de mi compañía. En un intento por ahorrar energía, tiendes a encerrarte en ti mismo emocionalmente. Pero puedes *alegrarte en mí* —tú libertador— aun en circunstancias desesperadas.

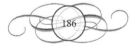

Recuerda que *soy tu Libertador*. Recuerda también que *yo soy tu fuerza*. Alégrate en mí y tranquilízate mientras yo te hablo en *suaves murmullos*.

Pues estoy convencido de que ni la muerte ni la vida, ni los ángeles ni los demonios, ni lo presente ni lo por venir, ni los poderes, ni lo alto ni lo profundo, ni cosa alguna en toda la creación, podrá apartarnos del amor que Dios nos ha manifestado en Cristo Jesús nuestro Señor.

ROMANOS 8.38, 39

Aunque la higuera no florezca, ni haya frutos en las vides; aunque falle la cosecha del olivo, y los campos no produzcan alimentos; aunque en el aprisco no haya ovejas, ni ganado alguno en los establos; aun así, yo me regocijaré en el SEÑOR, ¡me alegraré en Dios, mi libertador! El SEÑOR omnipotente es mi fuerza; da a mis pies la ligereza de una gacela y me hace caminar por las alturas.

HABACUC 3.17-19

Tras el terremoto vino un fuego, pero el SEÑOR tampoco estaba en el fuego. Y después del fuego vino un suave murmullo.

1 REYES 19.12

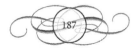

TRANSFORMACIÓN

Yo vivo en ti. ¡Estas cuatro palabras exponencialmente cambia tu vida y mejoran tus perspectivas para toda la eternidad! No te preocupes si te parece que no eres la habitación ideal para mí. Yo estoy acostumbrado a vivir en casas inadecuadas. Creyentes a través del mundo y a lo largo de todas las edades me han presentado una variedad de lugares deficientes para que yo viva. Y yo, con todo gozo, me paso a vivir en esos hogares humildes y me dedico a trabajar en ellos —desde adentro— para renovarlos. Sin embargo, rechazo vivir en personas que creen que ya son «suficientemente buenas» sin mí. He llamado a tales hipócritas *sepulcros blanqueados: que lucen hermosos,* pero putrefactos por dentro.

Mientras piensas en la milagrosa verdad que *Yo vivo en ti,* deja que tu corazón rebose de gozo. Yo no soy un inquilino de corto tiempo, habitándote solo mientras tu conducta me satisfaga. Yo he venido para quedarme, permanentemente. Ten cuidado, sin embargo, porque mis renovaciones pueden ser algo dolorosas y yo no me sujeto al régimen de cuarenta horas semanales. Cuando mi trabajo de transformación te provoque dolor intenso, aférrate confiadamente a mí. Yo quiero que *vivas por fe en quien te amó y dio su vida por ti.* Si sigues dejándome renovarte desde adentro, llegarás a ser más plenamente la

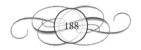

obra maestra que diseñé para que fueras. ¡Colabora conmigo y vive abundantemente!

> *He sido crucificado con Cristo, y ya no vivo*
> *yo, sino que Cristo vive en mí. Lo que ahora*
> *vivo en el cuerpo, lo vivo por la fe en el Hijo de*
> *Dios, quien me amó y dio su vida por mí.*
> GÁLATAS 2.20

> *¡Ay de ustedes, maestros de la ley y fariseos,*
> *hipócritas!, que son como sepulcros blanqueados.*
> *Por fuera lucen hermosos, pero por dentro están*
> *llenos de huesos de muertos y de podredumbre.*
> MATEO 23.27

> *Porque somos hechura de Dios, creados en Cristo*
> *Jesús para buenas obras, las cuales Dios dispuso de*
> *antemano a fin de que las pongamos en práctica.*
> EFESIOS 2.10

> *El ladrón no viene más que a robar, matar*
> *y destruir; yo he venido para que tengan*
> *vida, y la tengan en abundancia.*
> JUAN 10.10

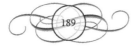

GRATITUD

Una actitud de agradecimiento abre las ventanas de los cielos y las bendiciones espirituales se precipitan libremente. ¡Y todo lo que yo pido para derramar estas bendiciones sobre ti es tu gratitud! Parece una cosa sencilla; como que parece que no hay día en tu vida que no tropiezas con ella. Déjame ayudarte a ser más agradecido para que puedas recibir abundantes bendiciones a través de esas ventanas abiertas hacia la eternidad.

A medida que el día va avanzando, recuerda esto: através de la Biblia yo te mando repetidamente que seas agradecido porque tal actitud es vital para tu bienestar. También es muy importante para mantener una relación saludable conmigo, ya que yo soy tu Creador, tu Salvador, tu Rey. Cuando me agradeces, estás reconociendo lo mucho que he hecho por ti. Esta actitud trae gozo tanto a ti como a mí. Dar gracias es similar a cebar una bomba con agua para que produzca más agua. Como el agradecimiento es una de las bendiciones espirituales que yo te otorgo, aumentará con las demás cuando me «cebes» con gratitud.

Recuerda que yo soy el Dios de toda gracia. Cuando falles en tu esfuerzo por ser agradecido, simplemente pídeme perdón. Al recibir gratuitamente este invaluable don —pensando en lo que me costó a mí— tu gratitud aumentará. Dirige tu mirada hacia mí y observa las

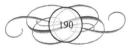

bendiciones espirituales cayendo como cascadas sobre ti a través de las amplias ventanas abiertas de los cielos.

Entren por sus puertas con acción de gracias;
vengan a sus atrios con himnos de alabanza;
denle gracias, alaben su nombre.
SALMOS 100.4

Alabado sea Dios, Padre de nuestro Señor Jesucristo,
que nos ha bendecido en las regiones celestiales
con toda bendición espiritual en Cristo.
EFESIOS 1.3

Dedíquense a la oración: perseveren
en ella con agradecimiento.
COLOSENSES 4.2

¡Alégrate mucho, hija de Sion! ¡Grita de alegría,
hija de Jerusalén! Mira, tu rey viene hacia ti…
ZACARÍAS 9.9

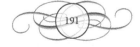

SU PRESENCIA

Nunca te dejaré ni te abandonaré. Muchos de mis seguidores piensan que tienen que superar todos los obstáculos para «estar en comunión» conmigo. Si eso fuera verdad, nunca podrían disfrutar de mi presencia. Tendrían que ser perfectos para lograr una audiencia conmigo. En lugar de esforzarte por ser lo suficientemente bueno, te invito a venir confiadamente a mi esplendorosa presencia.

Si andas en la luz como yo estoy en la luz, mi sangre te limpiará continuamente de todo pecado. Cuando eres consciente de tus pecados, quiero que los confieses y busques mi ayuda para hacer los cambios necesarios. Sin embargo, tu situación conmigo no se basa en confesar tus pecados lo suficientemente rápido o exhaustivamente. La única cosa que te mantiene en buena relación conmigo es mi perfecta justicia, la cual te di libre y permanentemente cuando te uniste a mi familia real.

Caminar a la luz de mi presencia te bendice de muchas maneras. Las cosas buenas son mejores y las cosas malas más llevaderas cuando las compartes conmigo. Al disfrutar en mi deslumbrante amor, estarás en mejores condiciones de amar a otros y disfrutar el compañerismo con ellos. Estarás menos expuesto a tropezar o caer, porque los pecados se hacen más llamativamente obvios

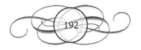

en mi santa luz. Mientras andas en esta luz conmigo, te animo a que te *regocijes en mi justicia*.

Manténganse libres del amor al dinero, y contÉntense con lo que tienen, porque Dios ha dicho: «Nunca te dejaré; jamás te abandonaré».
HEBREOS 13.5

Pero, si vivimos en la luz, así como él está en la luz, tenemos comunión unos con otros, y la sangre de su Hijo Jesucristo nos limpia de todo pecado.
1 JUAN 1.7

Dichosos los que saben aclamarte, SEÑOR, y caminan a la luz de tu presencia; los que todo el día se alegran en tu nombre y se regocijan en tu justicia.
SALMOS 89.15, 16

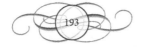

SU PERDÓN

AL CONOCERME MÁS ÍNTIMAMENTE, ESTARÁS MÁS CONS-CIENTE DE TUS PECADOS. Esto te enfrenta continuamente con la necesidad de tomar una decisión: concentrarte en tus defectos y fracasos o alegrarte en mi glorioso regalo de la salvación. Cuando pones tu atención en mi sacrificio supremo, vives en la gozosa seguridad de ser maravillosa-mente amado. *No hay amor más grande que este*, y es tuyo cada nanosegundo de tu vida. La mejor respuesta a tal amor es amarme con tu ser entero. Por supuesto, tu amor hacia mí no es lo que te salva, sino que demuestra tu grata consciencia de cuánto te he perdonado.

Trágicamente, mucha gente cree que tienen poco —o nada— para que los perdone. Se han dejado engañar por la mentira prevaleciente que no hay una verdad absolu-ta. Creen que lo bueno y lo malo son términos relativos; por lo tanto, no ven la necesidad para un Salvador. Estos engañados no buscan mi perdón por lo que sus pecados no son perdonados y no sienten ningún amor por mí. Sus mentes siguen oscurecidas por los engaños del diablo. Solo mi deslumbrante amor puede penetrar oscuridad tan densa. Mientras andas en la luz de mi presencia, deja que mi amor fluya hacia otros a través de ti, alumbrando en sus oscuridades. ¡Porque eres mi seguidor, *nunca an-darás en tinieblas, sino que tendrás la luz de la vida!*

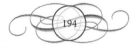

*Pero yo confío en tu gran amor; mi
corazón se alegra en tu salvación.
Canto salmos al Señor.
¡El Señor ha sido bueno conmigo!*
SALMOS 13.5, 6

*Nadie tiene amor más grande que el
dar la vida por sus amigos.*
JUAN 15.13

*Por esto te digo: si ella ha amado mucho, es que
sus muchos pecados le han sido perdonados.
Pero a quien poco se le perdona, poco ama.*
LUCAS 7.47

*Una vez más Jesús se dirigió a la gente, y les dijo:
«Yo soy la luz del mundo. El que me sigue no andará
en tinieblas, sino que tendrá la luz de la vida».*
JUAN 8.12

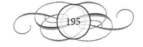

LIBERTAD EN ÉL

Ven a mí cuando te sientas herido, y yo compartiré tu dolor. Ven a mí cuando te sientas gozoso, y yo compartiré tu gozo, multiplicándolo muchas veces.

Te invito a venir a mí tal como estás, no importa la condición en que te encuentres. No tienes que limpiar tus actos primero, ya que yo conozco lo peor de ti. Cuando estés herido, querrás estar con alguien que te entienda sin condenarte. Cuando estás contento, tu deleite es estar con alguien que te ame lo suficiente como para celebrar contigo. Yo te entiendo compasivamente y te amo exuberantemente, así es que no dudes en venir siempre a mí.

Muchas personas seleccionan lo que quieren compartir conmigo. Algunos dudan en decirme lo que consideran vergonzoso. Otros están tan acostumbrados a vivir con sentimientos de dolor —soledad, miedo, culpa— que nunca se les ocurre pedir ayuda para hacerles frente. Aun otros se preocupan tanto con sus luchas que se olvidan de que yo sigo aquí, cerca de ellos.

Hay partes dolorosas de ti que yo deseo sanar. Sin embargo, algunas han estado tanto tiempo contigo que ya las consideras parte de tu identidad. Inconscientemente te acompañan adondequiera que vayas. En ocasiones, cuando me has traído partes de ti que están dañadas, yo te he ayudado a caminar en una libertad que recién has descubierto. Sin embargo, eres tan adicto a ciertos patrones

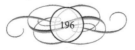

dolorosos que no te es fácil liberarte de ellos. Solo exponiéndolos repetidamente a mi presencia sanadora te traerá libertad prolongada. Cuando tal cosa ocurra, te sentirás liberado para experimentar gozo en una medida mucho más completa. Yo compartiré contigo tu gozo y lo multiplicaré muchas veces.

Por lo tanto, ya no hay ninguna condenación
para los que están unidos a Cristo Jesús.
ROMANOS 8.1

Sí, el SEÑOR ha hecho grandes cosas por
nosotros, y eso nos llena de alegría.
SALMOS 126.3

Desde mi angustia clamé al SEÑOR, y
él respondió dándome libertad.
SALMOS 118.5

Así que, si el Hijo los libera, serán
ustedes verdaderamente libres.
JUAN 8.36

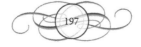

VACÍO

Yo te diseñé para que fueras lleno de contenido celestial: mi amor, gozo y paz. Sin embargo, tú eres *una vasija de barro* tan frágil que el contenido se te escapa. A menos que seas llenado de nuevo —una y otra y otra vez— seguirás sintiéndote vacío.

Yo estoy ansioso por derramar mi abundancia dentro de ti, pero esto toma tiempo: tiempo concentrado en mí. Ven a mí y permanece en mi presencia. No te precipites tratando de hacerte de la mayor cantidad de bendiciones antes de irte de nuevo. En lugar de eso, quédate conmigo, disfruta del increíble privilegio de estar comunicado con tu Rey. Al permanecer conmigo, mi vida fluirá a ti, llenándote con sustancia celestial.

Yo quiero que seas todo mío y reboses con mi amor, gozo y paz. Debido a que estos dones divinos se escaparán de ti, me necesitarás continuamente para renovarlos. Tu necesidad no es un error o un defecto: te mantiene buscándome a mí, dependiendo de mí, comunicándote conmigo. Aunque eres una vasija de barro tan frágil, yo te he bendecido con el más *precioso tesoro: la luz divina del Evangelio.* Tu fragilidad humana es necesaria para demostrar que este extremadamente gran poder no se origina en ti, sino que procede de mí.

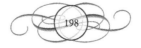

Yo soy Cristo en ti, tu esperanza de gloria. Mientras te lleno con mis dones de gloria, deja que mi maravillosa luz brille a través de ti en las vidas de otras personas.

El fruto del Espíritu es amor, alegría, paz, paciencia, amabilidad, bondad, fidelidad, humildad y dominio propio.
GÁLATAS 5.22, 23

Pero este precioso tesoro lo guardamos en una vasija de barro. Y es para que sea obvio que este glorioso poder viene de Dios y no de nosotros.
2 CORINTIOS 4.7NBD

A estos Dios se propuso dar a conocer cuál es la gloriosa riqueza de este misterio entre las naciones, que es Cristo en ustedes, la esperanza de gloria.
COLOSENSES 1.27

Hagan brillar su luz delante de todos, para que ellos puedan ver las buenas obras de ustedes y alaben al Padre que está en el cielo.
MATEO 5.16

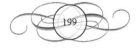

INTIMIDAD CON ÉL

No te sientas culpable por tomar tiempo para buscar mi rostro; estás simplemente respondiendo al llamado de Dios dentro de ti. Yo te hice a mi imagen y puse cielo en tu corazón.

Muchas de las angustias de este mundo se deben a que se desea la perfección del cielo. Pecados flagrantes son a menudo un intento equivocado por llenar el vacío creado por ese anhelo. *El dios de este mundo ha cegado la mente de estos incrédulos,* lo que les hace buscar el cielo por caminos de perdición: con excesos y perversiones de toda clase. Sin embargo, grandes pecadores han sido transformados en cristianos excepcionales cuando se volvieron de sus apetitos apasionados a mí.

Mi amor y mi perdón satisfacen el hambre del alma como nada más puede hacerlo, por eso es bueno que tú ansíes más de lo que este mundo puede ofrecer. Tú no fuiste diseñado para encontrar total satisfacción en el aquí-y-ahora, porque fuiste hecho a mi imagen.

Como el cielo es mi hogar, es también tu hogar último y definitivo, donde todos tus anhelos serán satisfechos perfectamente. Yo puse un pedacito de cielo en tu corazón para que, probando esa realidad eterna, me busques desde ahora. ¡Rechaza sentirte culpable por algo que me produce gran alegría! Yo me deleito cuando tu corazón me busca.

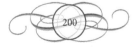

Recurran al S<small>EÑOR</small> y a su fuerza;
busquen siempre su rostro.
S<small>ALMOS</small> 105.4

El dios de este mundo ha cegado la mente de estos
incrédulos, para que no vean la luz del glorioso
evangelio de Cristo, el cual es la imagen de Dios.
2 C<small>ORINTIOS</small> 4.4

¿Por qué gastan dinero en lo que no es pan, y su salario
en lo que no satisface? Escúchenme bien, y comerán lo
que es bueno, y se deleitarán con manjares deliciosos.
I<small>SAÍAS</small> 55.2

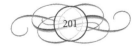

ADVERSIDAD

Mis seguidores deben pasar por muchas pruebas. Sin embargo, el evangelio es increíblemente *buenas noticias*, porque mi muerte como tu substituto pagó la totalidad de la pena por todos tus pecados. Al convertirte, comenzaste una nueva vida: una nueva vida que, por un lado, es una aventura y por el otro, una historia de amor. Las historias de aventuras no contienen situaciones fáciles de predecir. Invariablemente, contienen conflictos, adversidades, derrotas y victorias. Antes de que yo muriera, advertí a mis discípulos sobre las *aflicciones* que tendrían en este mundo. En seguida, de inmediato los tranquilicé, diciéndoles: *Yo he vencido al mundo*; lo he privado del poder de causarles daño y lo he conquistado para ustedes. ¡En mí, tú eres victorioso!

Tu nueva vida es no solo una aventura, sino que también es una historia de amor. En tu camino al cielo, tu Amante eterno nunca se apartará de tu lado. Yo comparto tus buenos tiempos y tus luchas. Te tomo en mis *brazos* eternos y te ayudo a sacar buenas cosas de las adversidades. Yo planeo formas creativas para revelarme a ti, y me regocijo cuando pones atención. Mientras uso mi conocimiento del futuro para prepararte por lo que encontrarás adelante, te entreno para que disfrutes mi presencia en el presente. Cuando te encuentras en luchas encarnizadas, te ofrezco mi paz. Cuando llegues al

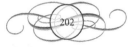

final del camino, podrás mirar hacia atrás y ver que las pruebas que compartiste conmigo son tesoros radiantes, llenos de amor y gloria.

Después de anunciar las buenas nuevas en
aquella ciudad y de hacer muchos discípulos
[...] «Es necesario pasar por muchas dificultades
para entrar en el reino de Dios», les decían.
HECHOS 14.21, 22

Yo les he dicho estas cosas para que en mí hallen
paz. En este mundo afrontarán aflicciones,
pero ¡anímense! Yo he vencido al mundo.
JUAN 16.33

El Dios eterno es tu refugio; por siempre
te sostiene entre sus brazos.
DEUTERONOMIO 33.27

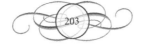

DESCANSAR EN ÉL

Detente en los caminos y mira; pregunta por los senderos antiguos, pregunta por el buen camino y anda por él. Para andar por el buen camino necesitas *mantenerte alerta: orando en el Espíritu en todo momento*. Con la ayuda de mi Espíritu tú puedes reconocer el camino correcto cuando llegues a una bifurcación en lugar de pasar de largo sin darte cuenta de las advertencias. Si no estás seguro de cuál camino tomar, detente y espérame a mí. Mantén la comunicación conmigo mientras esperas. Confía en que yo te mostraré el camino por el cual seguir dentro de mis planes y mis tiempos.

Si sigues estas instrucciones no solo *irás por el buen camino*, sino que también *hallarás el descanso anhelado*. Yo sé cuán fatigado te encuentras y cómo necesitas desesperadamente que tu alma descanse. Aunque tu cuerpo pudiere estar tranquilo, tus pensamientos tienden a ir aquí y allá. Si quieres mi ayuda para controlar esos pensamientos, tráelos a mí. Yo ya sé lo que estás pensando, así es que no tienes nada que esconder. Lo único que tienes que hacer es esperar en mi presencia y darme tiempo para ayudarte a pensar mis pensamientos. Aunque te parezca una pérdida de tiempo, en realidad estás haciendo todo lo contrario. Tus pasos serán menos, pero conseguirás mucho más porque estarás cerca

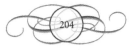

de mí: *el camino, la verdad y la vida*. No importa cuán extenuante sea tu caminar, en mi compañía hallarás descanso para tu alma.

*Así dice el Señor: Deténganse en los caminos
y miren; pregunten por los senderos antiguos.
Pregunten por el buen camino, y no se aparten
de él. Así hallarán el descanso anhelado.*
JEREMÍAS 6.16

*Oren en el Espíritu en todo momento, con
peticiones y ruegos. Manténganse alerta y
perseveren en oración por todos los santos.*
EFESIOS 6.18

*—Yo soy el camino, la verdad y la vida —le contestó
Jesús—. Nadie llega al Padre sino por mí.*
JUAN 14.6

QUEBRANTAMIENTO

Yo soy el Dios de las divinas vueltas atrás. Yo puedo sacar bueno de lo malo: mi plan maestro produce victoria de las aparentes derrotas. Ven a mí tal como estás —herido en la batalla— y expone tus heridas a mi luz sanadora. Necesitas pasar suficiente tiempo conmigo, abriéndote completamente a mi presencia viviente. Muchas personas que están seriamente enfermas han sido tratadas exitosamente al pasar algunas horas al aire libre, bajo los rayos del sol y el aire fresco. De forma similar, tú necesitas pasar tiempo empapándote bajo la luz de mi presencia para que yo pueda sanar tus heridas por más profundas que sean.

Si experimentas una divina vuelta atrás en tu vida, te emocionará observar con qué maestría opero en el mundo. Tu sufrimiento adquiere mayor significado porque sabes que yo puedo —y lo hago— sacar bueno de lo malo. Al final, mi plan no se frustrará. ¡Yo tengo la última palabra! Si te fijas cuánto más allá de ti llegan mi sabiduría y mis caminos, podrás tener un vislumbre de mi gloria. Esto te inspirará para que me adores, inclinándote ante mi infinita inteligencia y poder ilimitado. Al abrir tu alma a mí en adoración, te asegurarás más aun de mi amor inagotable. *Yo sé muy bien los planes que tengo para ti, planes de bienestar y no de calamidad, a fin de darles un futuro y una esperanza.*

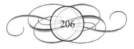

*Es verdad que ustedes pensaron hacerme mal, pero
Dios transformó ese mal en bien para lograr lo que
hoy estamos viendo: salvar la vida de mucha gente.*
GÉNESIS 50.20

*Mis caminos y mis pensamientos son más altos que los
de ustedes; ¡más altos que los cielos sobre la tierra!*
ISAÍAS 55.9

*Que tu gran amor, SEÑOR, nos acompañe,
tal como lo esperamos de ti.*
SALMOS 33.22

*Porque yo sé muy bien los planes que tengo para ustedes
—afirma el SEÑOR—, planes de bienestar y no de
calamidad, a fin de darles un futuro y una esperanza.*
JEREMÍAS 29.11

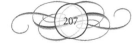

DESEARLO A ÉL

ME PLACE TU ENTUSIASMO POR CONOCERME. Tratar de *conocerme* es como pararse a la orilla de un glorioso océano, tratar de absorberle su vasta belleza, pero saber que solo es posible ver una pequeña porción de la masa de agua que se extiende ante ti. Es bueno que te des cuenta de cuán pequeña porción de mi infinita grandeza puedes, en realidad, comprender. Darse cuenta de esto es una invitación a adorarme, regocijarse humildemente en mi gloria ilimitada. Aunque tu comprensión de mí es tan limitada, no hay límites para que te deleites en mí.

Yo me revelo a ti en innumerables formas porque mi profundo deseo es que me conozcas. La Biblia describe gráficamente mi deseo irrefrenable por conectarme con mis hijos. El profeta Isaías dice de mí: «*¡Aquí estoy! Todo el día extendí mis manos hacia un pueblo rebelde*». En la parábola del hijo perdido, el padre (Dios) no esperó que su hijo rebelde volviera a casa arrepentido. Más bien, sacrificó su dignidad y cuando *todavía estaba lejos, su padre lo vio y se compadeció de él; salió corriendo a su encuentro, lo abrazó y lo beso*. Tu celo por conocerme empalidece a la luz de mi ardor por revelarme yo —mi amor— a ti. Recibe este amor inmerecido e infinito con gozo estremecedor.

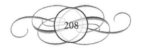

*Conozcamos al Señor; vayamos tras su conocimiento.
Tan cierto como que sale el sol, él habrá de manifestarse;
vendrá a nosotros como la lluvia de invierno, como
la lluvia de primavera que riega la tierra.*

OSEAS 6.3

*Me di a conocer a los que no preguntaban por mí; dejé
que me hallaran los que no me buscaban. A una nación
que no invocaba mi nombre, le dije: «¡Aquí estoy! Todo
el día extendí mis manos hacia un pueblo rebelde, que
va por mal camino, siguiendo sus propias ideas».*

ISAÍAS 65.1, 2

*Así que emprendió el viaje y se fue a su padre. Todavía
estaba lejos cuando su padre lo vio y se compadeció de
él; salió corriendo a su encuentro, lo abrazó y lo besó.*

LUCAS 15.20

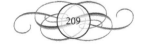

TRANSFORMACIÓN

YO SOY TU LÁMPARA; ILUMINO TUS TINIEBLAS. Transformarte es para mí un deleite. Solo yo conozco la total medida de tus capacidades y trabajo arduamente para ayudarte a que seas aquel a quien yo creé. Mi luz brillante —en la cual *no ninguna oscuridad*— te permite ver aquellas áreas donde necesitas cambiar. Cuando mi Espíritu ilumina un área de pecado, tú te enfrentas a una decisión: puedes alejarte de mí y meterte en las oscuridades de la negación o puedes acercarte más plenamente a la luz radiante de mi presencia. Si enfrentas tu pecado de frente, verás que su poder disminuye. Te harás más fuerte para andar en *mis* caminos, en sendas nuevas iluminadas por mi luz.

Yo te ayudo a enfrentar *todas* tus oscuridades, no solo las que pueden haber dentro de ti, sino las que te rodean. Al vivir en un mundo quebrantado, todos los días te tropiezas con tinieblas. Habitas en un planeta rebelde que profiere obscenidades sobre quien soy. Por eso es que vivir cerca de mí —consciente de mi presencia— es determinante para tu bienestar. Una manera excelente de acercarte a mí es cambiar tu pensamiento de un monólogo a un diálogo: haz más y más de tus pensamientos una conversación conmigo. Cuando te encuentres con las tinieblas de este mundo, coméntamelo. Yo te ayudaré a ver las cosas desde mi perspectiva y así, cambiaré tus tinieblas en luz.

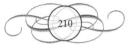

Recuerda que *para mí no hay nada imposible. ¡De hecho, con mi apoyo puedes asaltar murallas!*

Tú, Señor, eres mi lámpara; tú, Señor, iluminas mis tinieblas. Con tu apoyo me lanzaré contra un ejército: contigo, Dios mío, podré asaltar murallas.
2 Samuel 22.29, 30

Este es el mensaje que hemos oído de él y que les anunciamos: Dios es luz y en él no hay ninguna oscuridad.
1 Juan 1.5

Porque para Dios no hay nada imposible.
Lucas 1.37

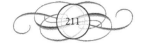

SU PRESENCIA

Yo voy siempre delante de ti, guiándote, un paso a la vez. *Ni lo alto ni lo profundo, ni cosa alguna en toda la creación, podrá apartarte de mi presencia amorosa.*

Quiero que vivas enfocado en mi presencia en el presente. Como sabes que yo estoy siempre contigo para guiarte y darte ánimo, puedes vivir en esa realidad cada instante. Tu mente tiende a divagar del momento presente a la tarea que tienes pendiente, ignorando la que tienes delante de ti y a esa persona que está contigo. En raras ocasiones, cuando permaneces concentrado en mí, tu trabajo recibe la influencia de mi presencia; entonces deja de ser penoso para convertirse en algo agradable: más como juego que como trabajo.

Vivir en colaboración conmigo puede ser un anticipo del cielo. Es hermoso, aunque no fácil: requiere un nivel de concentración mental y espiritual que puede ser extremadamente desafiante. En los Salmos, David escribió sobre una forma de vida colaborativa, que afirma que *siempre me tiene presente.* Como pastor, él tuvo todo el tiempo para buscar mi rostro y disfrutar de mi presencia. Descubrió la belleza de los días vividos conmigo siempre en su presencia y junto a él. Te estoy entrenando para que vivas así también. Esta tentativa requiere un esfuerzo más persistente que cualquiera otra cosa que hayas intentado.

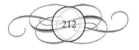

Sin embargo, a diferencia de otras actividades que te debilitan, esta te llena de vida vibrante.

Hagas lo que hagas, hazlo para mí, conmigo, a través de mí, en mí. Aun las tareas menos dignas brillan con el gozo de mi presencia cuando las haces para mí. En última instancia, nada podrá separarte de mí, por eso, nuestra aventura podrá continuar por toda la eternidad.

Pues estoy convencido de que ni la muerte ni la vida, ni los ángeles ni los demonios, ni lo presente ni lo por venir, ni los poderes, ni lo alto ni lo profundo, ni cosa alguna en toda la creación, podrá apartarnos del amor que Dios nos ha manifestado en Cristo Jesús nuestro Señor.
ROMANOS 8.38, 39

Siempre tengo presente al SEÑOR; con él a mi derecha, nada me hará caer.
SALMOS 16.8

Hagan lo que hagan, trabajen de buena gana, como para el Señor y no como para nadie en este mundo, conscientes de que el Señor los recompensará con la herencia. Ustedes sirven a Cristo el Señor.
COLOSENSES 3.23, 24

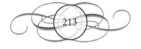

SEGURIDAD

Vuelve tu atención a mí cada vez que sientas que te desvías del camino. Encuentra alivio en el hecho de que, en tu caminar conmigo, yo busco persistencia en lugar de perfección.

¿Te sorprende cuán rápido y cuán lejos puede vagar tu mente de mí? Cuando reconoces que esto te está ocurriendo, no te dejes llevar por la decepción ni el desánimo. En lugar de eso, simplemente retorna tu atención a mí y a la verdad de que te acepto con toda tu imperfección.

No solo te acepto tal como eres, sino que te *amo* tal como eres. Yo sufrí una muerte de criminal para poder adornarte con mi propia perfección. Por esto es que es tan importante que me traigas tus pensamientos: ¡es mi perfecta justicia la que te salva y nadie nunca podrá quitarte la salvación!

Muy fácilmente puedes ser presa de tu propio rechazo si te has puesto expectativas poco realistas. Cuando fracasas, quiero que vuelvas tu atención a mí sin juzgarte. En lugar de causarte más daño desvalorizándote, persiste en poner tu mirada en mí. Yo siempre te recibiré con mi *gran amor*.

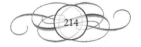

Pero este sacerdote, después de ofrecer por los pecados
un solo sacrificio para siempre, se sentó a la derecha de
Dios, en espera de que sus enemigos sean puestos por
estrado de sus pies. Porque con un solo sacrificio ha
hecho perfectos para siempre a los que está santificando.
HEBREOS 10.12, 14

—Marta, Marta —le contestó Jesús—, estás inquieta y
preocupada por muchas cosas, pero sólo una es necesaria.
María ha escogido la mejor, y nadie se la quitará.
LUCAS 10.41, 42

¡Cuán precioso, oh Dios, es tu gran amor! Todo ser
humano halla refugio a la sombra de tus alas.
SALMOS 36.7

PREOCUPACIÓN

Si te das más y más a una vida de constante comunicación conmigo, te vas a dar cuenta de que, simplemente, no tendrás tiempo para preocuparte. Es posible que te sientas escéptico respecto de esta afirmación. Porque parece que siempre encuentras tiempo para preocuparte. La preocupación es una bestia con la que has tenido que luchar con tus propias fuerzas durante años. Esto ha sido contraproducente. ¡Cuanto más intentas no preocuparte, más ansioso te pones, al punto que terminas preocupándote de tus preocupaciones!

Definitivamente, necesitas mi ayuda en esta batalla. Tu mejor estrategia es dejar de preocuparte del problema y poner más empeño en comunicarte conmigo. Esta estrategia te ayudará a alcanzar la libertad de toda suerte de tendencias negativas, incluyendo la preocupación. La idea es reemplazar lo perjudicial, la conducta derrotista con algo maravillosamente positivo: la comunicación con tu Creador y Salvador.

Como fui yo quien te diseñé, sé cómo te desempeñas mejor: en rica comunión conmigo. Como tu Salvador, también sé cómo te desempeñas peor. Pero recuerda: yo morí por cada uno de tus pecados. No te limites a hablarme; también escúchame. Yo te hablo a través de mi Palabra, mi Espíritu, mi creación. Si te disciplinas para

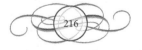

comunicarte más conmigo —*orando sin cesar*— verás cómo tus preocupaciones se desvanecen.

*¿Quién de ustedes, por mucho que se preocupe,
puede añadir una sola hora al curso de su vida?
Ya que no pueden hacer algo tan insignificante,
¿por qué se preocupan por lo demás?*
LUCAS 12.25, 26

*La angustia abate el corazón del hombre,
pero una palabra amable lo alegra.*
PROVERBIOS 12.25

*SEÑOR, hazme conocer tus caminos; muéstrame tus
sendas. Encamíname en tu verdad, ¡enséñame! Tú eres mi
Dios y Salvador; ¡en ti pongo mi esperanza todo el día!*
SALMOS 25.4, 5

Oren sin cesar.
1 TESALONICENSES 5.17

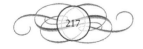

PRUEBAS

Aunque yo hago sufrir, también te compadezco. No importa qué pruebas estés experimentando, puedes contar con mi amor y mi compasión. ¡Ninguno de los dos te fallará jamás! Yo puedo producir lo bueno de cualquier cosa que permita en tu vida, aunque no puedas comprender mucho de lo que hago. A menudo, mis hijos mal interpretan las formas en que me relaciono con ellos. Cuando la adversidad arrecia, tienden a sentir como si yo estuviera disgustado con ellos. No se dan cuenta de que mis más fieles seguidores son especialmente blanco en la guerra espiritual. El diablo y sus demonios se deleitan en atormentar a quienes viven cerca de mí. Cuando tú estás sufriendo y tus tribulaciones parecen no acabar nunca, recuerda que yo estoy presente con ternura en tus aflicciones. En lugar de lamentarte por cómo suceden las cosas, búscame cuando la adversidad te quiera hacer naufragar. Me hallarás ciertamente *cuando me busques de todo tu corazón*.

Quiero que experimentes más ampliamente la grandeza de mi amor rebosante. Al abrirte a mi presencia y compasión, este amor fluirá hacia ti con mayor intensidad. Como el vino nuevo, mi amor se expande dentro de ti, y aumenta tu capacidad por mí. Otra forma de expandir esta capacidad es dejar que mi amor fluya desde ti hacia otros. Yo me alegro tanto cuando haces esto que

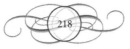

te inundo aún más con mi presencia viva. Al continuar esta bendita aventura conmigo, yo te llenaré con siempre cantidades mayores de mi *gran amor*.

Nos hace sufrir, pero también nos compadece,
porque es muy grande su amor.
LAMENTACIONES 3.32

El gran amor del Señor nunca se acaba, y su
compasión jamás se agota. Cada mañana se renuevan
sus bondades; ¡muy grande es su fidelidad!
LAMENTACIONES 3.22, 23

Me buscarán y me encontrarán cuando me busquen de
todo corazón. Me dejaré encontrar —afirma el Señor—.
JEREMÍAS 29.13, 14

CONFIANZA

Yo te saciaré en tierras resecas, y fortaleceré tus huesos. Conozco perfectamente la condición de tu cuerpo. *Tus huesos no me fueron desconocidos cuando en lo más recóndito eras formado.* Yo mismo te hice. A mano. ¡Fuiste hecho *admirablemente*!

Yo soy el Jardinero y tú eres mi jardín. Aunque tengas que soportar duras pruebas, yo puedo *saciarte* y mantenerte *bien regado, como un manantial cuyas aguas nunca se agotan.* Para recibir mis provisiones inagotables, tienes que confiar en mí y agradecerme por lo que sea.

Yo, tu Señor soberano, *te guiaré siempre.* Mi deleite es cuidarte y ayudarte a andar en mis caminos. Recuerda, sin embargo, que tú también tienes responsabilidad: seguir las instrucciones que yo te doy. Es esencial que estudies mi Palabra porque yo estoy presente en ella. Cuanto más cerca vives de mí, más fácil te será encontrarme e ir por el camino que te he señalado. Esta forma de vida no es solo para guiarte, sino también para darte un gozo incomparable. *Yo te daré a conocer la senda de vida; te llenaré de alegría en mi presencia, y de dicha eterna a mi derecha.*

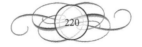

El Señor te guiará siempre; te saciará en tierras resecas, y fortalecerá tus huesos. Serás como jardín bien regado, como manantial cuyas aguas no se agotan.
ISAÍAS 58.11

¡Te alabo porque soy una creación admirable! ¡Tus obras son maravillosas, y esto lo sé muy bien! Mis huesos no te fueron desconocidos cuando en lo más recóndito era yo formado, cuando en lo más profundo de la tierra era yo entretejido.
SALMOS 139.14, 15

Tu palabra es una lámpara a mis pies; es una luz en mi sendero.
SALMOS 119.105

Me has dado a conocer la senda de la vida; me llenarás de alegría en tu presencia, y de dicha eterna a tu derecha.
SALMOS 16.11

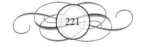

SU SUFICIENCIA

Unido a mí, tú estás completo. A mi lado, eres transformado más y más en la persona que yo diseñé que fuera.

Sé que a veces te sientes incompleto, como si hubieses perdido una parte vital de ti. Cuando esto no es más que un sentimiento y un pensamiento inconsciente, reaccionas de forma improductiva: confortándote con la comida, buscando formas de entretenimiento, examinando tu aspecto en el espejo y muchas más. Yo estoy contigo siempre, esperando pacientemente a que te acuerdes de mí. Si persistes en ir por tu propio camino —buscando satisfacción donde no la hay— te vas a frustrar aún más. Tu agitada condición va a hacer más difícil que vuelvas a mí, que soy el único que te puede completar. Pero nunca es demasiado tarde para gritar: «¡Ayúdame, Jesús!».

Cuando un hijo mío viene a mí por ayuda, nunca dejo de responderle. Quizás no le provea alivio instantáneo como si fuera un genio, pero me pongo en acción de inmediato creando las condiciones que se requieren. Le ayudo a darse cuenta de lo que ha estado haciendo: tratando de satisfacer sus necesidades mediante recursos mundanos. En respuesta a su necesidad, le ofrezco mis gloriosas riquezas. Cuando se ha tranquilizado lo suficiente como para pensar con claridad, lo invito a *acercarse a mí*, donde puede encontrar la plenitud que necesita.

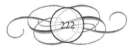

Al centrar tu atención en mí —descansando en el ambiente agradable de mi presencia— te bendigo con mi Paz. Aunque eres solo *una vasija de barro*, te lleno con mi tesoro: *la luz del conocimiento de la gloria resplandeciente de Dios*. Este resplandor divino te llena hasta el borde, haciéndote completo. También te transforma, poco a poco, en la pieza maestra que yo diseñé que fueras.

Y la constancia debe llevar a feliz término la obra, para que sean perfectos e íntegros, sin que les falte nada.
SANTIAGO 1.4

Cumple los deseos de quienes le temen; atiende a su clamor y los salva.
SALMOS 145.19

Acérquense a Dios, y él se acercará a ustedes.
SANTIAGO 4.8

Porque Dios, que ordenó que la luz resplandeciera en las tinieblas, hizo brillar su luz en nuestro corazón para que conociéramos la gloria de Dios que resplandece en el rostro de Cristo. Pero tenemos este tesoro en vasijas de barro para que se vea que tan sublime poder viene de Dios y no de nosotros.
2 CORINTIOS 4.6, 7

SABIDURÍA

Todos los tesoros de sabiduría y conocimiento están ocultos en mí. ¡Por eso, soy relevante a absolutamente todo! El mundo es un lugar fragmentado, con muchas voces llamándote y demandando de ti respuestas. Cuando estás aprendiendo o experimentando cosas nuevas, es de vital importancia mantenerte en comunicación conmigo. Yo te puedo ayudar a entender cosas desde mi perspectiva: aprovechándote de mi *sabiduría magnífica*. Quiero que examines todo a la luz de la verdad bíblica.

Si me mantienes en el centro de tus pensamientos, podrás discernir orden y diseño en un mundo aparentemente caótico. Allí seguirá habiendo cosas que tú no podrás comprender, porque vives en un mundo fracturado y piensas con una mente caída y finita. Por eso, en tus pensamientos debes dejar un espacio amplio para el *misterio*. Reconocer los límites de tu capacidad de entender las cosas abre el camino a una adoración profunda. Podrás regocijarte en mí, el Mesías misterioso que es infinito y bueno en todos los sentidos. Esto te animará a ti y a quienes adoran contigo. Para adorarme bien, sus corazones deben estar *unidos por amor*, entrelazados en un hermoso tapiz de amor. Al adorarme, así unidos, pueden disfrutar de mi majestuosa presencia *juntos* en formas que trascienden tu experiencia individual. Esto te capacitará

para aventurarte más y más en mis vastos *tesoros escondidos de la sabiduría y del conocimiento.*

> *Quiero que lo sepan para que cobren ánimo,*
> *permanezcan unidos por amor, y tengan toda*
> *la riqueza que proviene de la convicción y del*
> *entendimiento. Así conocerán el misterio de Dios,*
> *es decir, a Cristo, en quien están escondidos todos*
> *los tesoros de la sabiduría y del conocimiento.*
> COLOSENSES 2.2, 3

> *También esto viene del SEÑOR Todopoderoso, admirable*
> *por su consejo y magnífico por su sabiduría.*
> ISAÍAS 28.29

> *El comienzo de la sabiduría es el temor del SEÑOR;*
> *conocer al Santo es tener discernimiento.*
> PROVERBIOS 9.10

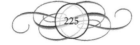

ESPERANZA

¡Yo soy tu salvador resucitado y que vive! Mediante mi resurrección *tú has nacido de nuevo para que tengamos una esperanza viva*. Es vital que mantengas la esperanza sin que importe por lo que estás pasando en la vida. La gente pone su esperanza en una variedad de cosas: riqueza, poder, salud, tratamientos médicos, pero todo esto es insuficiente. Cuando las tormentas azotan tu vida puedes encontrar solo una fuente adecuada de ayuda: ¡Yo! La esperanza que yo proveo es *segura ancla del alma* incluso en las aguas más tempestuosas. Una buena manera de mantenerte anclado a mí es decirme cada vez que te sientas en necesidad: «¡Jesús, tú eres mi Esperanza!». Decirlo te dará fuerzas y te mantendrá conectado a mí.

Yo estoy obrando constantemente para transformar tu vida. Tú necesitas continuamente mi ayuda para poder mantener viva la esperanza. Yo estoy listo para ayudarte en *todo* tiempo, durante episodios tormentosos como en tiempos de marea suave. Yo no solo vivo eternamente, sino que también vivo más abundantemente de lo que jamás podrías imaginarte. ¡No hay límites para lo que mi *gran poder y gloria* pueden alcanzar! Yo puedo cambiar las situaciones más «desesperadas» en victorias rotundas. Es más, cuando afirmas tu confianza en mí —sin importar cuán difíciles sean las circunstancias— yo puedo

transformarte: gradualmente, amorosamente. *No quedarán avergonzados los que en mí confían.*

¡Alabado sea Dios, Padre de nuestro Señor Jesucristo!
Por su gran misericordia, nos ha hecho nacer
de nuevo mediante la resurrección de Jesucristo,
para que tengamos una esperanza viva.
1 PEDRO 1.3

Tenemos como firme y segura ancla del alma una
esperanza que penetra hasta detrás de la cortina del
santuario, hasta donde Jesús, el precursor, entró por
nosotros, llegando a ser sumo sacerdote para siempre.
HEBREOS 6.19, 20

Verán entonces al Hijo del hombre venir en
las nubes con gran poder y gloria.
MARCOS 13.26

Sabrás entonces que yo soy el SEÑOR, y que no
quedarán avergonzados los que en mí confían».
ISAÍAS 49.23

227

GRACIA

Yo te comprendo en todas tus complejidades; y te entiendo con absoluta exactitud; no hay detalle en tu vida que esté escondido de mí. Aun así, no debes tener miedo del conocimiento que tengo de ti porque yo te veo a través de los ojos de la gracia.

Si yo te fuera a mirar de manera diferente —a través de los ojos de la ley en lugar de con los ojos de la gracia— sería terrible para ti. Desafortunadamente, a menudo te ves de esa manera: evaluando legalmente cuán bueno es tu comportamiento. Cuando lo haces, te das cuenta de lo tonto que es eso, porque tus obras nunca serán suficientes como para alcanzar mis estándares santos.

En lugar de concentrarte en tu comportamiento, ven a mí y recibe mi *gran amor*. Has estado perturbado por el miedo y los fracasos, pero mi amor por ti nunca cesará.

Esto es lo que veo cuando te observo a través de los ojos de la gracia: luces como un miembro de la realeza porque yo te he vestido con mi justicia real. Luces *radiantes*, sobre todo cuando me estás contemplando. Te ves amoroso cuando reflejas mi gloria. De hecho, me alegras de tal manera que *¡me alegro por ti con cantos!*

Debido a que yo soy infinito puedo ver simultáneamente como eres ahora y como serás en el cielo. Lo que veo ahora me ayuda a trabajar contigo en aquellos

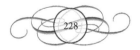

aspectos que necesitas cambiar. La visión celestial me permite amarte con amor perfecto y eterno.

La mejor manera de ver a través de los ojos de la gracia es mirar por los lentes de mi gran amor. Al perseverar en esta práctica, gradualmente te será más fácil extender la gracia tanto a ti mismo como a los demás.

¡Cuán precioso, oh Dios, es tu gran amor! Todo ser humano halla refugio a la sombra de tus alas.
SALMOS 36.7

Busqué al SEÑOR, y él me respondió; me libró de todos mis temores. Radiantes están los que a él acuden; jamás su rostro se cubre de vergüenza.
SALMOS 34.4, 5

Porque el SEÑOR tu Dios está en medio de ti como guerrero victorioso. Se deleitará en ti con gozo, te renovará con su amor, se alegrará por ti con cantos.
SOFONÍAS 3.17

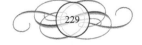

DEPENDER DE ÉL

Aférrate a mí como a un salvavidas. Tú necesitas mi ayuda continuamente y yo estoy dispuesto para dártela. No te pongas ansioso por tu inhabilidad para *obedecerme* perfectamente. El mandamiento más importante es *amarme con todo tu corazón y con todo tu ser y con toda tu mente*. Aunque esto lo puedes hacer imperfectamente, de todos modos me deleito en tu amor, como una madre se deleita cuando su hijito le trae una flor marchitada. Además, me gozo en tu obediencia, aunque es defectuosa, y en tu deseo de obedecerme. En lugar de preocuparte por las fallas en que puedes incurrir, concéntrate en hacer lo que sí puedes por amor a mí. El que seas consciente de tus limitaciones puede ser, realmente, una bendición: te protege del exceso de autoestima. También te predispone para depender más y más de mí.

Yo me complazco cuando te aferras a mí como lo harías con un salvavidas. Ya que *yo soy tu Vida*, venir a mí buscando ayuda es la forma más sabia de vivir. Yo te creé como un ser dependiente, de modo que, si no te aferras a mí, lo harás a otras cosas. Esto te podría llevar a adicciones, relaciones destructivas y otras formas de idolatría. Por eso, cuanto más dependas de mí, mejor será tu vida. Yo me doy cuenta de tu debilidad y cómo los músculos de tu fe se cansan fácilmente. ¡Cuando sientas que estás a punto de desprenderte, clama a mí!

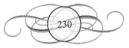

Porque yo soy el Señor, tu Dios, que sostiene tu mano derecha y quien te dice: No temas; yo te ayudaré.

Ama al Señor tu Dios, obedécelo y sé fiel a él, porque de él depende tu vida, y por él vivirás mucho tiempo...
DEUTERONOMIO 30.20

—«Ama al Señor tu Dios con todo tu corazón, con todo tu ser y con toda tu mente» —le respondió Jesús—. «Este es el primero y el más importante de los mandamientos».
MATEO 22.37, 38

Yo soy el Señor, tu Dios, que sostiene tu mano derecha; yo soy quien te dice: «No temas, yo te ayudaré».
ISAÍAS 41.13

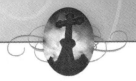

VIVIR CORRECTAMENTE

Te insto a refrenar tus palabras. El uso poco prudente de las palabras es una de las formas más fáciles de pecar. Y una de las más letales. De hecho, *la lengua es un fuego que contamina todo el cuerpo y, encendida por el infierno, prende a su vez fuego a todo el curso de su vida.* Tú deberías ser sabio en seguir el ejemplo de David, quien escribió: *Señor, ponme en la boca un centinela; un guardia a la puerta de mis labios.* Controlar la lengua es tan difícil que no se puede hacer sin una gran ayuda.

Yo, realmente, te quiero ayudar a controlar no solo las palabras que dices, sino también tus pensamientos. El contenido de tus pensamientos tiene una enorme influencia en tu salud y en tu bienestar. Mucha gente sufre de depresión o de ansiedad debido a que sus pensamientos están tan distorsionados y alejados de la enseñanza bíblica. Si este problema se mantiene y no se corrige, puede conducir a un quebrantamiento de la salud. Las Escrituras, sin embargo, proporcionan corrección: *Panal de miel son las palabras amables y dan salud al cuerpo.* Cuando mi Espíritu está en control de tus pensamientos y de tus palabras, tanto tu alma como tu cuerpo prosperarán. Pídele al Espíritu que piense y hable a través de ti. Como él vive en la intimidad de tu ser, podrá fácilmente influirte, pero él espera que lo invites. Cuanto más lo invitas a tu vida, más

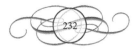

saludable y feliz serás. Tus palabras serán agradables y de bendición no solo para ti sino para quienes te rodean.

El que es entendido refrena sus palabras; el que es prudente controla sus impulsos.
PROVERBIOS 17.27

También la lengua es un fuego, un mundo de maldad. Siendo uno de nuestros órganos, contamina todo el cuerpo y, encendida por el infierno, prende a su vez fuego a todo el curso de la vida.
SANTIAGO 3.6

SEÑOR, ponme en la boca un centinela; un guardia a la puerta de mis labios.
SALMOS 141.3

Panal de miel son las palabras amables: endulzan la vida y dan salud al cuerpo.
PROVERBIOS 16.24

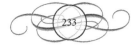

SU AMOR

Mucho antes de que comenzaras a buscarme, yo ya te había diseñado para una vida gloriosa. Mi *designio* es abrazarte y envolverte, ayudándote a entender quién eres, dándole sentido a tu vida. *En mí, tú vives, te mueves y existes.* Aun antes de la creación de la tierra yo te escogí *para que seas santo y sin mancha delante de mí.* Hasta que viniste a conocerme como Salvador, tu vida era dolorosamente incompleta. Tu ser interior estaba lleno de agujeros. ¡Solo mi ilimitado amor fue suficiente como para llenar ese vacío! La sanidad y la integridad que has encontrado en mí siguen aumentando a medida que maduras en tu relación conmigo.

Mi amor no solo te completa; también te hace santo. Tu percepción de que yo te amo con un amor perfecto e infinito te libera de tu vida pecaminosa. Crecer en santidad es un proceso y a veces resulta bastante doloroso. Pero los placeres de mi ilimitado amor pesan más que cualquiera cantidad de dolor y aflicciones que estés experimentando. Cuando estés sufriendo, háblame de tus aflicciones. *Ábreme tu corazón.* Mientras te alivio con mi amorosa presencia te reitero *mi plan de hacer todas las cosas conforme a mi voluntad,* en ti.

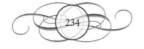

*En Cristo también fuimos hechos herederos, pues fuimos
predestinados según el plan de aquel que hace todas
las cosas conforme al designio de su voluntad, a fin de
que nosotros, que ya hemos puesto nuestra esperanza
en Cristo, seamos para alabanza de su gloria.*
EFESIOS 1.11, 12

*Puesto que en él vivimos, nos movemos y existimos.
Como algunos de sus propios poetas griegos
han dicho: «De él somos descendientes».*
HECHOS 17.28

*Dios nos escogió en él antes de la creación del mundo,
para que seamos santos y sin mancha delante de él.*
EFESIOS 1.4

*Confía siempre en él, pueblo mío; ábrele tu corazón
cuando estés ante él. ¡Dios es nuestro refugio!*
SALMOS 62.8

CIELO

Siéntete contento con ser una de mis ovejas, eternamente conocido, eternamente seguro. Quiero que *escuches mi voz* de modo que puedas *seguirme* de cerca todos los días y cada momento de tu vida. Yo te hablo de diferentes maneras, aunque más claramente lo hago a través de mi Palabra. Tú necesitas mantener una actitud de escucha para poder oírme. Esto requiere tanto paciencia como perseverancia esperando en mi presencia, con ansias de oírme. Yo, tu Rey y Pastor no solo te guío cada día de tu vida; también te abro las puertas del cielo. Harías bien en recordar que el Pastor que tan tiernamente te guía es el Rey de la eternidad.

Aunque llegará el día cuando tu cuerpo terrenal muera, tú mismo *nunca perecerás*. ¡Cuando llegues a estar *ausente del cuerpo*, estarás *junto a mí* de una forma íntima, rica y gloriosa más allá de cualquier cosa que te puedas imaginar! Nadie podrá *arrebatarte de mi mano*. Esta seguridad de tu destino eterno te libera del miedo a la muerte. También te da fuerzas para vivir plenamente en el presente, siguiendo gozosamente a tu Pastor.

Las ovejas no han sido diseñadas para vivir independientemente. Ellas necesitan un pastor sabio y amoroso para que las guíe con cuidado especial. De igual manera, tú vivirás mejor cuando me sigas humildemente, como lo

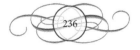

hacen las ovejas. Si confías que yo sé lo que es mejor para ti, *con amor te guiaré por sendas de justicia.*

Mis ovejas oyen mi voz; yo las conozco y ellas me siguen. Yo les doy vida eterna, y nunca perecerán, ni nadie podrá arrebatármelas de la mano.
JUAN 10.27, 28

Así que nos mantenemos confiados, y preferiríamos ausentarnos de este cuerpo y vivir junto al Señor.
2 CORINTIOS 5.8

El SEÑOR es mi pastor, nada me falta; en verdes pastos me hace descansar. Junto a tranquilas aguas me conduce; me infunde nuevas fuerzas. Me guía por sendas de justicia por amor a su nombre.
SALMOS 23.1-3

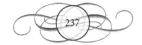

PAZ

¡Yo soy tu sol naciente desde el cielo! Mientras tú aun *vivías en la más terrible oscuridad*, mi luz te alumbró, dándote una razón para vivir, una razón para la esperanza. Ahora eres mío y puedes aproximarte confiadamente a mí gracias a mi *entrañable misericordia*. Mi corazón está lleno de un *amor inagotable* hacia ti; un amor que se desborda desde mi corazón hacia el tuyo. Al recibir lo que es bueno de mí con agradecimiento, experimentas rica satisfacción en tu alma. Quiero que cantes *de alegría y estés* contento en respuesta a todo lo que te doy. Puedes relajarte y disfrutar de mi presencia, pues sabes que yo me preocupo por ti. *En los momentos de necesidad*, te daré *misericordia y gracia que te ayudarán.*

Mi anhelo es que disfrutes no solo mi presencia sino también mi Paz. Yo vine a tu mundo *para guiar tus pasos por la senda de la paz*. Cuando estás ansioso o temeroso es como si estuvieras dudando de que mis promesas puedan *proveer de todo lo que necesitas*. Mis seguidores tienden a pensar de la preocupación como algo natural e incluso inevitable. Y lo que es todavía peor, la consideran su problema personal o un capricho que solo les perjudica a ellos mismos. Pero la verdad es que tu tendencia a estar ansioso me causa dolor. Darte cuenta de mi dolor te puede motivar a liberarte de este hábito perjudicial. Procura tener mi gozo al caminar confiadamente conmigo por la senda de la paz.

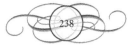

Gracias a la entrañable misericordia de nuestro Dios. Así nos visitará desde el cielo el sol naciente, para dar luz a los que viven en tinieblas, en la más terrible oscuridad, para guiar nuestros pasos por la senda de la paz.
LUCAS 1.78, 79

Sácianos de tu amor por la mañana, y toda nuestra vida cantaremos de alegría.
SALMOS 90.14

Así que acerquémonos confiadamente al trono de la gracia para recibir misericordia y hallar la gracia que nos ayude en el momento que más la necesitemos.
HEBREOS 4.16

Así que mi Dios les proveerá de todo lo que necesiten, conforme a las gloriosas riquezas que tiene en Cristo Jesús.
FILIPENSES 4.19

AGRADARLE A ÉL

INTENTA DE AGRADARME EN TODO. Que esta sea tu norma durante el día, para que no te distraigan asuntos de menor importancia.

No podrás lograr el éxito a través de solo la disciplina, porque esta tarea requiere más que tu fuerza de voluntad: la activa lo que hay en tu corazón. Si tu amor por mí se hace más fuerte, entonces desearás complacerme. Cuando un hombre y una mujer están profundamente enamorados, sienten sumo gozo en agradarse mutuamente y pueden pasar horas buscando maneras de sorprenderse con alegrías inesperadas. Con solo anticipar la felicidad del ser amado se sentirán felices. ¡Yo soy ese ser amado! Y me deleito en aumentar tu gozo, haciéndolo completo. La mejor forma de aumentar tu pasión por mí es aumentar tu convicción de mi ardiente amor por ti.

Cuando trates de complacerme, piensa en mí como el amado de tu alma: el único que te ama con absoluta perfección cada nanosegundo de tu existencia. Deja que tu incipiente deseo de complacerme florezca bajo la luz de *mi gran amor*.

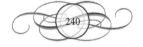

*No hemos dejado de orar por ustedes [...] para
que vivan de manera digna del Señor, agradándole
en todo. Esto implica dar fruto en toda buena
obra, crecer en el conocimiento de Dios...*
COLOSENSES 1.9, 10

*Por lo tanto, hermanos, ustedes que han sido
santificados y que tienen parte en el mismo
llamamiento celestial, consideren a Jesús, apóstol
y sumo sacerdote de la fe que profesamos.*
HEBREOS 3.1

*Así como el Padre me ha amado a mí, también yo
los he amado a ustedes. Permanezcan en mi amor. Si
obedecen mis mandamientos, permanecerán en mi
amor, así como yo he obedecido los mandamientos de mi
Padre y permanezco en su amor. Les he dicho esto para
que tengan mi alegría y así su alegría sea completa.*
JUAN 15.9-11

*Pero yo soy como un olivo verde que florece
en la casa de Dios; yo confío en el gran amor
de Dios eternamente y para siempre.*
SALMOS 52.8

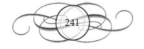

DESCANSANDO EN ÉL

AUNQUE VIVAS EN TINIEBLAS, YO SERÉ TU LUZ. A veces, necesitas descansar en las sombras. Si persistes en esa situación —ignorando lo cansado que estás— puede sobrevenirte un colapso total. Muchos de mis seguidores se encaminan por ellos mismos hacia el punto de sentirse exhaustos o desalentados totalmente mientras pretenden que todo está bien. *Tu enemigo el diablo* se goza —hasta se relame— cuando ve que esto te ocurre. Él entiende el poder de hacer creer a mis hijos que son débiles y hace de ellos una fácil presa.

No te desesperes *cuando caigas, porque te levantarás* de nuevo. Siéntete tranquilo *en las tinieblas* mientras yo refresco tu espíritu, mente y cuerpo. Yo estoy tan presente contigo cuando estás en esa situación como lo estoy cuando estás de pie y caminando. Búscame en las tinieblas donde te encuentras en estos momentos. Yo quiero protegerte y alimentarte *bajo mis alas*, donde *hallarás refugio*. Mientras estás descansando, *yo seré tu luz*, protegiéndote, sanándote y restaurándote.

Cuando mi obra de restauración haya finalizado, puedes salir de debajo de mis alas: listo para levantarte y seguir avanzando. Mi presencia irá contigo, iluminándote el camino, fortaleciéndote y animándote. *Pon tu esperanza en mí* porque volverás *a alabarme*.

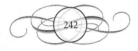

Enemiga mía, no te alegres de mi mal. Caí, pero he de levantarme; vivo en tinieblas, pero el SEÑOR es mi luz.
MIQUEAS 7.8

Practiquen el dominio propio y manténganse alerta. Su enemigo el diablo ronda como león rugiente, buscando a quién devorar.
1 PEDRO 5.8

[Él], pues, te cubrirá con sus plumas y bajo sus alas hallarás refugio. ¡Su verdad será tu escudo y tu baluarte!
SALMOS 91.4

¿Por qué voy a inquietarme? ¿Por qué me voy a angustiar? En Dios pondré mi esperanza y todavía lo alabaré. ¡Él es mi Salvador y mi Dios!
SALMOS 42.5

INTIMIDAD CON ÉL

Yo soy Emanuel, dios contigo. Tu búsqueda de mí es, en realidad, una reacción a mi búsqueda ferviente de ti. No necesitas derribar las puertas entre nosotros. En lugar de eso, al abrirme la puerta de tu corazón, encontrarás mi glorioso presente, ¡donde *te he dado acceso a mi gracia!*

Mi muerte en la cruz por tus pecados fue suficiente para poder acceder a mí permanentemente. Desde el día que confiaste en mí como tu Salvador, tu relación conmigo se ha asegurado eternamente. Por lo tanto, no tienes por qué temer que algún día, cuando te comportes mal, yo te dé con la puerta en las narices. Con mi ayuda tú podrás salir de esa situación de ansiedad que te oprime. Yo te diseñé para que florezcas en *el amplio espacio de mi gracia y gloria,* donde eres libre de celebrar mi presencia exuberantemente. *Ponte de pie y prorrumpe en alabanzas* a mí, recordando que eres realeza en mi reino de Vida que no acabará nunca.

Quiero que te des cuenta de la seguridad total que tienes en mi amor perfecto y persistente. Entiendes que la fuerza de *tu* amor es insuficiente para mantenerte conectado conmigo. Sabes que no puedes confiar en tu propia fidelidad. Por eso es que debes depender de mi inagotable provisión. *El amor y la verdad se encontrarán* en mí; además, mediante el sacrificio de mi sangre, *la justicia y la paz se besarán.*

«La virgen concebirá y dará a luz un hijo, y lo llamarán
Emanuel» (que significa «Dios con nosotros»).
MATEO 1.23

También por medio de él, y mediante la fe,
tenemos acceso a esta gracia en la cual nos
mantenemos firmes. Así que nos regocijamos en
la esperanza de alcanzar la gloria de Dios.
ROMANOS 5.2

Me sacó a un amplio espacio; me
libró porque se agradó de mí.
SALMOS 18.19

El amor y la verdad se encontrarán; se
besarán la paz y la justicia.
SALMOS 85.10

GOZO

Regocíjate en este día de vida, disponte a seguirme de todo corazón a donde sea que yo te guíe. Prepárate para recibir bendiciones mientras caminamos juntos por la vida. Como yo he creado este día de vida y te lo he presentado sin costo para ti, quiero que lo recibas con gratitud. Cuando te levantas procuras evaluar el día que tienes por delante, tratando de discernir si será un día bueno o malo. Esto lo haces casi inconscientemente, a menudo basándote en trivialidades como en el tiempo que hace. Te animo a que te liberes de este hábito y así puedas ser más receptivo a mí y a mis bendiciones.

Una actitud de agradecimiento es una gran ayuda. Si te despiertas en un día oscuro y con lluvia, eleva una oración de gratitud a mí por esa lluvia. Al hacerlo vas a tener menos disposición a quejarte por el tiempo. También, recuerda que yo he hecho los arreglos necesarios para las condiciones de tu día; así, podrás asumir que muchas cosas buenas te esperan hoy.

Alegrarte te ayudará a encontrar muchas bendiciones durante el día. Si tus circunstancias parecen poco prometedoras, alégrate en mí, tu acompañante fiel. Quiero que te alegres en mí y te dispongas a recibir los preciosos regalos que he dispuesto a lo largo del camino que haremos juntos. En fe, mantente atento por las cosas buenas, tanto grandes como pequeñas. Además, porque

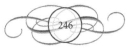

yo soy tu *Maestro*, prometo proporcionarte oportunidades de aprendizaje por el camino.

Al llegar al final de este día, detente, vuelve la mirada y fíjate en la distancia que tú y yo hemos recorrido. Date tiempo para pensar en lo que has aprendido y a gustar los dones que has encontrado. Deja que tu mente habite en estas cosas cuando *te acuestes para dormir*, regocijándote en mí y en mis bendiciones.

Este es el día en que el Señor actuó; regocijémonos
y alegrémonos en él.
Salmos 118.24

Ustedes me llaman Maestro y Señor,
y dicen bien, porque lo soy.
Juan 13.13

Yo me acuesto, me duermo y vuelvo a
despertar, porque el Señor me sostiene.
Salmos 3.5

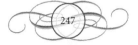

CONTROL

Yo soy tu amigo íntimo, pero también soy inconmensurable y misterioso; ¡infinitamente grande y glorioso! Quiero que me contemples en mi gloria de modo que puedas adorarme con toda exuberancia. A veces, sin embargo, luchas con mis *decisiones indescifrables y mis caminos impenetrables* tratando de controlarme en lugar de abandonarte a mí en adoración. Debes reconocer al «control» por lo que es: un ídolo. Yo te creé a mi imagen y te doté con una voluntad libre. Te di sorprendentes habilidades lingüísticas de modo que pudieras comunicarte ampliamente conmigo. En lugar de usar estos dones en formas manipuladoras —intentando controlarme—, dedícalos a adorarme en *espíritu y en verdad*.

Te animo a que ores libremente: *Pídeme y yo te lo daré*. No obstante, cuando me traigas tus peticiones, debes recordar lo *profundo de mi sabiduría y conocimiento*. Esto evitará que te comportes presuntuosamente o como un manipulador. Yo nunca dejo de oír tus oraciones y responderlas sabiamente, pero no siempre te doy lo que me pides, no importa cuán sentidas pudieran ser y cuán justas pudieran parecer. Si sabe claramente que mi voluntad difiere de lo que me has pedido, la mejor reacción que pudieras tener sería, simplemente, decir: «Sí, Jesús».

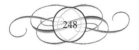

Esto te acercará más a mí, incluso en medio de tu decepción. Aunque mis caminos —*mis métodos, mis senderos*— pudieran parecer un misterio desde tu perspectiva, te aseguro que son buenos.

¡Qué profundas son las riquezas de la sabiduría y del conocimiento de Dios! ¡Qué indescifrables sus juicios e impenetrables sus caminos!
ROMANOS 11.33

Dios es espíritu, y quienes lo adoran deben hacerlo en espíritu y en verdad.
JUAN 4.24

Pidan, y se les dará; busquen, y encontrarán; llamen, y se les abrirá.
MATEO 7.7

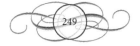

CONFIANZA

Descansa en la seguridad de mi presencia protectora que te mantiene a salvo. Deja que mis promesas de protección te fortalezcan y te consuelen, como enormes campanas celestiales repicando antiguas e inmutables verdades. Quiero que te refugies más y más bajo mi abrigo, *la sombra del Todopoderoso*, poniendo toda tu confianza en mí. La tentación es buscar refugio en personas, el dinero, el éxito, la buena salud. Estas son bendiciones que yo doy, pero tú no debes descansar en ellas. Cualquiera podría desvanecerse en cualquier momento, instantáneamente. La infinita protección que yo te ofrezco —*refugio a la sombra de mis alas*— está disponible para *todos los hombres*. Además, te doy libremente el invaluable don de mi *gran amor*.

Porque te ofrezco tanto, tiene sentido que pongas tu confianza en mí sobre todas las cosas. Observa la proclamación del salmista: *Es mejor refugiarse en el Señor que confiar en el hombre. Es mejor refugiarse en el Señor que confiar en príncipes.* Salomón, el más sabio de todos los hombres, escribió: *El que confía en sus riquezas se marchita.* Cada vez que empieces a sentirte ansioso, deja que esas sensaciones te sirvan como advertencia de que estás poniendo tu confianza en el lugar equivocado. Entonces, detente y escucha tus pensamientos preocupados y en su lugar dite a ti mismo la

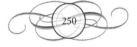

verdad: que yo soy *totalmente* confiable. Luego, vuelve tu atención a mí, diciendo: «SEÑOR, *tú eres mi refugio, mi fortaleza, en quien confío*».

El que habita al abrigo del Altísimo se acoge a la sombra del Todopoderoso. Yo le digo al SEÑOR: «Tú eres mi refugio, mi fortaleza, el Dios en quien confío».
SALMOS 91.1, 2

¡Cuán precioso, oh Dios, es tu gran amor! Todo ser humano halla refugio a la sombra de tus alas.
SALMOS 36.7

Es mejor refugiarse en el SEÑOR que confiar en el hombre. Es mejor refugiarse en el SEÑOR que fiarse de los poderosos.
SALMOS 118.8, 9

El que confía en sus riquezas se marchita, pero el justo se renueva como el follaje.
PROVERBIOS 11.28

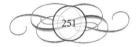

PERMANECER EN ÉL

El espíritu te da vida: él es la verdadera fuente de tu vida eterna. Cuando estabas *muerto en transgresiones y pecados*, te era imposible recibirme como Salvador. El Espíritu Santo tuvo que hacerte vivir antes de que pudieras responderme. Así es que realmente *vives por el Espíritu*.

Quiero que camines por la senda de la vida *guiado por el Espíritu*. No te hará retroceder, por tanto, no busques refugio en el pasado. Debes moverte hacia adelante y también caminar en la dirección que yo escogí. Además, es vital que lo hagas a mi propio ritmo: ni corriendo, ni quedándote rezagado. El Espíritu te ayudará en todo esto mientras dependas de él. Puedes participar de su ayuda en cualquier momento y en cualquier lugar, simplemente pídesela. Si en algún momento te encuentras con ansiedad, ora: «Tranquilízame, Espíritu Santo». Si no estás seguro de la dirección que llevas, pídele que te muestre el camino. Cuando *no sepas cómo orar como deberías*, clama: «¡Ayúdame, Espíritu Santo!». Él *intercederá por ti con gemidos que no pueden expresarse con palabras*.

Cuanto más busques la ayuda de mi Espíritu y dejes que él te guíe cariñosamente, mejor será tu vida. Al *ser guiado por el Espíritu*, te encontrarás caminando más cerca de mí.

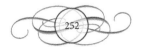

Si el Espíritu nos da vida, andemos guiados por el Espíritu.
GÁLATAS 5.25

*En otro tiempo ustedes estaban muertos en sus
transgresiones y pecados, en los cuales andaban
conforme a los poderes de este mundo...*
EFESIOS 2.1, 2

*SEÑOR, hazme conocer tus caminos; muéstrame tus
sendas. Encamíname en tu verdad, ¡enséñame! Tú eres mi
Dios y Salvador; ¡en ti pongo mi esperanza todo el día!*
SALMOS 25.4, 5

*Así mismo, en nuestra debilidad el Espíritu acude
a ayudarnos. No sabemos qué pedir, pero el
Espíritu mismo intercede por nosotros con gemidos
que no pueden expresarse con palabras.*
ROMANOS 8.26

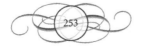

CONDENACIÓN

YO SOY EL SALVADOR PERFECTO: TOTALMENTE DIOS Y TOTALMENTE HOMBRE. Yo vine a la tierra en un *cuerpo mortal* para poder llevar todo el castigo por tus pecados. Debido a que eres mío, tú eres sin duda *santo, intachable e irreprochable delante de mí.* Sé que a veces *te sientes* contaminado y acusado, pero esa no es tu verdadera identidad. Ahora que eres mi seguidor redimido, la mejor palabra que puede describirte es «intachable». Ya que *mediante mi muerte* yo pagué la pena por todos tus pecados, eres completamente libre de culpa. *¡No hay condenación para los que están unidos conmigo mediante la fe!*

Aunque eres por siempre *irreprochable*, tienes un enemigo persistente. Satanás es un implacable acusador de cristianos; *los acusa día y noche.* Sus demonios subalternos, que tratan de engañar y destruir a mis seguidores, dependen en gran medida de esta táctica. Estos espíritus malignos atacan tu mente con una mezcla de mentiras y de verdad. Para contrarrestar sus ataques, trata de escribir los pensamientos acusadores de manera que puedas identificar las distorsiones y las mentiras descaradas. Una vez que hayas hecho esto, la respuesta más efectiva es: rechazar las mentiras y las distorsiones y arrepentirte de cualquier pecado que hubieses cometido. Recuerda, sin embargo, que la conclusión es no lo que tú hayas

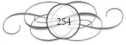

alcanzado, sino lo que yo *ya* he hecho: te he redimido completamente, de modo que puedas vivir conmigo eternamente. *¡Cuando el Hijo te libera, eres verdaderamente libre!*

Pero ahora Dios, a fin de presentarlos santos, intachables e irreprochables delante de él, los ha reconciliado en el cuerpo mortal de Cristo mediante su muerte.
COLOSENSES 1.22

Por lo tanto, ya no hay ninguna condenación para los que están unidos a Cristo Jesús.
ROMANOS 8.1

Luego oí en el cielo un gran clamor: «Han llegado ya la salvación y el poder y el reino de nuestro Dios; ha llegado ya la autoridad de su Cristo. Porque ha sido expulsado el acusador de nuestros hermanos, el que los acusaba día y noche delante de nuestro Dios».
APOCALIPSIS 12.10

Así que, si el Hijo los libera, serán ustedes verdaderamente libres.
JUAN 8.36

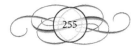

SU PRESENCIA

YO ESTOY MÁS CERCA DE TI DE LO QUE TE ATREVES A CREER, MÁS CERCA QUE EL AIRE QUE RESPIRAS. Por lo general, tú no eres consciente de estar envuelto en aire porque el aire es invisible y está constantemente disponible para ti. De forma similar, mi presencia invisible es una constante en tu vida, pero tú con frecuencia no me reconoces. Esto te deja vulnerable a la soledad. Si pudieras reconocer siempre mi presencia, nunca te volverías a sentir solo.

Yo deseo profundamente que experimentes con mayor consistencia mi cercanía, y el apacible contentamiento que produce. Hay una estrecha conexión entre el sentimiento de soledad y no ser consciente de mi presencia. Este es un problema viejo: cuando el patriarca Jacob estaba en un lugar árido, lejos de su familia, estaba muy consciente de su soledad. Sin embargo, yo derramé mi presencia sobre él en la forma de un sueño glorioso. Cuando Jacob despertó, respondió: «*En realidad, el SEÑOR está en este lugar, y yo no me había dado cuenta*».

Estar consciente de mi presencia permanente te protegerá de la soledad. No solo estoy constantemente contigo, sino también estoy dentro de ti: en lo más profundo de tu corazón y de tu mente. Mi conocimiento de ti es un cuadro perfecto y está enmarcado en amor incondicional.

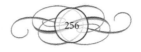

Deja que tu sensación de soledad te recuerde la necesidad de buscar mi rostro. ¡Ven a mí con tu tan humana vacuidad y mi presencia divina te llenará con *vida en abundancia*!

Por mi integridad habrás de sostenerme, y en tu presencia me mantendrás para siempre.
SALMOS 41.12

Al despertar Jacob de su sueño, pensó: «En realidad, el SEÑOR está en este lugar, y yo no me había dado cuenta».
GÉNESIS 28.16

SEÑOR, tú me examinas, tú me conoces. Sabes cuándo me siento y cuándo me levanto; aun a la distancia me lees el pensamiento.
SALMOS 139.1, 2

El ladrón no viene más que a robar, matar y destruir; yo he venido para que tengan vida, y la tengan en abundancia.
JUAN 10.10

CIELO

LEVANTA TUS OJOS A MÍ, Y MIRA MI RESPLANDOR SOBRE TU FUTURO. Tu cuerpo —especialmente cuando está débil y cansado—, puede afectar negativamente tu pensamiento. Esto es muy natural, pero tú no estás limitado a tus habilidades naturales. Cuando tus pensamientos te están afectando necesitas acceder a recursos sobrenaturales. Pídeme que te ayude a pensar *mis* pensamientos. Rehúsa hospedar una visión pesimista del futuro. Rechaza tal imagen como irreal porque eso es lo que precisamente es. ¡Cualquier visión del futuro que no me incluya a mí es sencillamente falsa! Yo soy el elemento más importante de tu vida. Cuanto más me incluyas en tu vida, mejor será tu perspectiva de la vida.

No te preocupes demasiado por la condición de tu cuerpo, pues es temporal. En lugar de eso, alégrate porque tu ser interior *se renueva día tras* día. Incluso puedes obtener algo bueno del progresivo deterioro de tu ser exterior. A medida que tus fuerzas naturales y habilidades declinan, debes confiar más en mí. Esto puede crear una íntima tranquilidad entre nosotros al incluirme más y más en tu vida. Esto no solo aumentará tu gozo en el presente, sino que también te preparará para un futuro eterno en mi presencia.

Esta es la verdadera visión de tu futuro, ¡y es gloriosa! Por eso, *no te fijes en lo visible, sino en lo invisible, ya que lo que se ve es pasajero, mientras que lo que no se ve es eterno.*

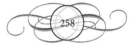

*A las montañas levanto mis ojos; ¿de dónde
ha de venir mi ayuda? Mi ayuda proviene
del Señor, creador del cielo y de la tierra.*
SALMOS 121.1, 2

*Destruimos argumentos y toda altivez que se levanta
contra el conocimiento de Dios, y llevamos cautivo
todo pensamiento para que se someta a Cristo.*
2 CORINTIOS 10.15

*Por tanto, no nos desanimamos. Al contrario, aunque
por fuera nos vamos desgastando, por dentro nos vamos
renovando día tras día. Pues los sufrimientos ligeros y
efímeros que ahora padecemos producen una gloria eterna
que vale muchísimo más que todo sufrimiento. Así que no
nos fijamos en lo visible, sino en lo invisible, ya que lo que
se ve es pasajero, mientras que lo que no se ve es eterno.*
2 CORINTIOS 4.16-18

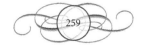

SU FIDELIDAD

MI COMPASIÓN JAMÁS SE AGOTA; MIS BONDADES SE RE-
NUEVAN CADA MAÑANA. Tú puedes comenzar cada día
confiado, sabiendo que mi vasto depósito de bendiciones
está lleno, hasta rebosar. Saber esto te ayudará a *esperar en
mí*, confiando tus oraciones sin contestar a mi preocupación y cuidado. Te aseguro que ninguna de tus oraciones
ha pasado desapercibida. Quiero que bebas abundantemente de mi fuente de amor ilimitado y mi compasión
que no mengua. Estos nutrientes divinos están a tu disposición mientras esperas en mi presencia. *Puedes beber
gratuitamente de la fuente de agua de vida.*

Aunque algunas de tus oraciones estén aún sin contestar, puedes confiar en mi *gran fidelidad*: yo cumplo
todas mis promesas en mi forma y tiempo perfectos.
Entre otras cosas, he prometido *darte paz* que quite de tu
corazón el miedo a los problemas.

Si te cansas esperando respuestas a tus oraciones, recuerda que yo también espero: de modo que *puedo tener
piedad contigo* y *mostrarte compasión*. Yo espero hasta que
estés listo para recibir las cosas que con cariño he preparado para ti. *Dichosos todos los que en mí esperan*, con
expectación, deseo y confianza.

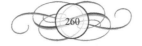

El gran amor del Señor nunca se acaba, y su compasión jamás se agota. Cada mañana se renuevan sus bondades; ¡muy grande es su fidelidad! Por tanto, digo: «El Señor es todo lo que tengo. ¡En él esperaré!».
LAMENTACIONES 3.22-24

«Ya todo está hecho. Yo soy el Alfa y la Omega, el Principio y el Fin. Al que tenga sed le daré a beber gratuitamente de la fuente del agua de la vida.
APOCALIPSIS 21.6

La paz les dejo; mi paz les doy. Yo no se la doy a ustedes como la da el mundo. No se angustien ni se acobarden.
JUAN 14.27

Por eso el Señor los espera, para tenerles piedad; por eso se levanta para mostrarles compasión. Porque el Señor es un Dios de justicia. ¡Dichosos todos los que en él esperan!
ISAÍAS 30.18

PROTECCIÓN

NO TEMAS, PORQUE YO –TU DIOS– ESTOY CONTIGO. *Yo te sostendré con mi diestra victoriosa*. Deja que estas palabras te arropen como una manta tibia, protegiéndote del frío que provoca el miedo y el desaliento. Cuando sientas que los problemas te están acechando, agárrate firmemente de mi mano y mantente en comunicación conmigo. Puedes *confiar y no temer*, porque yo soy *tu fuerza y tu canción*. Mi poderosa presencia está contigo todo el tiempo; tú no tienes que enfrentar *nada* solo. Además, yo he prometido *fortalecerte y ayudarte*. El hecho de estar al tanto de estas verdades te puede llenar con gozo y paz.

Mi mano derecha victoriosa te sostendrá tanto en los tiempos buenos como en los tiempos malos. Cuando las cosas transcurran apacibles en tu vida, puedes estar seguro de mi presencia sustentadora. Si dejara de sostenerte, muy pronto caerías. Cuando *vayas por valles tenebrosos* —muy consciente de tu necesidad— agárrate con actitud de agradecimiento de mi mano poderosa. *Mi diestra te sostiene* durante tiempos difíciles de aflicción, capacitándote para que sigas avanzando, un paso tras otro. Al soportar tus pruebas en confiada dependencia de mí, yo te bendigo en medio del sufrimiento. Incluso *mi bondad te hace prosperar*: desciendo al valle de aflicción y te alzo al sagrado placer compartido conmigo.

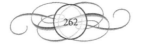

Así que no temas, porque yo estoy contigo; no te
angusties, porque yo soy tu Dios. Te fortaleceré y te
ayudaré; te sostendré con mi diestra victoriosa.
ISAÍAS 41.10

¡Dios es mi salvación! Confiaré en él y no
temeré. El SEÑOR es mi fuerza, el SEÑOR es
mi canción; ¡él es mi salvación!
ISAÍAS 12.2

Aun si voy por valles tenebrosos, no temo
peligro alguno porque tú estás a mi lado;
tu vara de pastor me reconforta.
SALMOS 23.4

Tú me cubres con el escudo de tu salvación, y con tu
diestra me sostienes; tu bondad me ha hecho prosperar.
SALMOS 18.35

LIBERTAD EN ÉL

A TI ME ACERCO CON TERNURA, PORQUE ME ERES PRE-
CIOSO Y SÉ LO FRÁGIL QUE ERES. *Te atraigo con cuerdas
de ternura, con lazos de amor.* Estos lazos de amor te
mantienen conectado conmigo; también te ayudan a
discernir *el camino que debes seguir.* Aunque mis lazos
de amor son inquebrantables, no coartan tu libertad.
Estos lazos sumamente elásticos te permiten seguir tu
propio camino temporalmente. Sin embargo, aunque se
estiran por mucho más tiempo —cuando tratas de vivir
independientemente de mí— no pierden su poder de
atracción. Finalmente, cuando te cansas de esos caminos
mundanos, las cuerdas te vuelven a traen con gentileza
a mí. No importa lo lejos que te hayas ido, yo te recibo
gozoso con mi *gran amor.*

   Yo me inclino tanto para alimentarte como para
liberarte: *quitarte el yugo de tu cerviz.* El yugo es un sím-
bolo de esclavitud, y tú has sido un *esclavo del pecado.*
Mi muerte en la cruz por tus pecados proveyó la forma
de liberarte de esta esclavitud. *Yo rompo las coyundas de
tu yugo* y las he reemplazado con *lazos de amor.* Ahora,
puedes *caminar con la cabeza erguida,* regocijándote en
mí, tu Salvador. *Así que, si el Hijo te libera, eres verdaderamente libre*

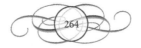

Lo atraje con cuerdas de ternura, lo atraje con lazos de amor. Le quité de la cerviz el yugo, y con ternura me acerqué para alimentarlo.
OSEAS 11.4

Por la mañana hazme saber de tu gran amor, porque en ti he puesto mi confianza. Señálame el camino que debo seguir, porque a ti elevo mi alma.
SALMOS 143.8

—Ciertamente les aseguro que todo el que peca es esclavo del pecado —respondió Jesús—. Ahora bien, el esclavo no se queda para siempre en la familia; pero el hijo sí se queda en ella para siempre. Así que, si el Hijo los libera, serán ustedes verdaderamente libres.
JUAN 8.34-36

Yo soy el SEÑOR su Dios, que los saqué de Egipto para que dejaran de ser esclavos. Yo rompí las coyundas de su yugo y los hice caminar con la cabeza erguida.
LEVÍTICO 26.13

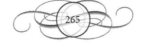

DESCANSAR EN ÉL

Ven a mí tal como eres. Déjame envolverte con mis brazos compasivos. Conozco la profundidad y anchura de tu cansancio. Te veo desde adentro hacia afuera, así como desde afuera hacia adentro. Nada relacionado contigo escapa a mi atención, o a mi tierna preocupación. Te ofrezco descanso, hijo mío, pero para recibirlo debes detenerte y simplemente esperar conmigo. Cuando estás físicamente cansado, tu mente sucumbe con facilidad ante pensamientos de ansiedad. Entonces, aunque tu cuerpo necesita descanso, la ansiedad te acelera todavía más, lo cual es dañino y contraproducente.

Disciplínate para parar no importa lo que estés haciendo, y tómate un tiempo para *considerarme a mí*. Yo proveo descanso no solo para tu mente y cuerpo, sino que también *para tu alma*. Sin embargo, tu cuerpo y tu alma no pueden descansar hasta que tu mente se tranquilice. Respira con tranquilidad y profundidad mientras pones tu atención en mí. Si dices una simple oración como: «Jesús, lléname con tu paz» te puede ayudar. Toda vez que mi Paz *sobrepasa todo entendimiento*, tu mente terminará relajándose en mi presencia. Puedes desahogarte *y presentarme tus peticiones*. Esto transferirá tus cargas a mis espaldas recias. Recuerda traerme tus peticiones con *acción de gracias* porque yo me deleito respondiendo las oraciones agradecidas. Además, tu actitud de

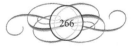

agradecimiento te bendecirá inmensamente, abriendo tu corazón para recibir más y más de mí.

Vengan a mí todos ustedes que están cansados y agobiados, y yo les daré descanso. Carguen con mi yugo y aprendan de mí, pues yo soy apacible y humilde de corazón, y encontrarán descanso para su alma.
MATEO 11.28, 29

Por lo tanto, hermanos, ustedes que han sido santificados y que tienen parte en el mismo llamamiento celestial, consideren a Jesús, apóstol y sumo sacerdote de la fe que profesamos.
HEBREOS 3.1

No se inquieten por nada; más bien, en toda ocasión, con oración y ruego, presenten sus peticiones a Dios y denle gracias. Y la paz de Dios, que sobrepasa todo entendimiento, cuidará sus corazones y sus pensamientos en Cristo Jesús.
FILIPENSES 4.6, 7

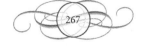

SABIDURÍA

La sabiduría real y eterna es conocerme. En un conocimiento de corazón de mí no hay solo sabiduría sino también gran placer. Este placer supera cualquiera cosa que el mundo tenga para ofrecer. Además, *los que son sabios resplandecerán con el brillo de la bóveda celeste.* Así que, tú serás recompensado maravillosamente por tu práctica sabia de disfrutar de mi presencia, un privilegio increíble en sí mismo. En mi reino, los perspicaces son aquellos que tienen verdadera comprensión de mí, comprensión que está fundamentada en mi Palabra. Cuanto más absorbas las Escrituras, mejor me conocerás. *Todos* los que me conocen como Salvador resplandecerán en el cielo para siempre. Deja que esta centelleante promesa te llene con una esperanza brillante.

Otro increíble privilegio que te ofrezco es *instruir a las multitudes en el camino de la justicia.* Tu vida y tus palabras pueden influenciar a otros para justicia en varias maneras: *si alguien entre ustedes se extravía de la verdad,* yo puedo usarte para que ayudes a tal persona a *volver de su extravío.* También, al tratar de vivir cerca de mí, disfrutando de mi presencia, *tu luz brillará delante de todos,* ayudándoles a encontrarme. Influir en otros para justicia aumenta tu capacidad de *brillar como las estrellas por toda la eternidad.* Así, viviendo cerca de mí no solo

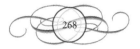

te bendices, sino que hace que aumente tu capacidad de
reflejar mi gloria a través de toda la eternidad.

Los sabios resplandecerán con el brillo de la bóveda celeste;
los que instruyen a las multitudes en el camino de la
justicia brillarán como las estrellas por toda la eternidad.
DANIEL 12.3

Tu palabra es una lámpara a mis
pies; es una luz en mi sendero.
SALMOS 119.105

Hermanos míos, si alguno de ustedes se extravía de
la verdad, y otro lo hace volver a ella, recuerden que
quien hace volver a un pecador de su extravío lo
salvará de la muerte y cubrirá muchísimos pecados.
SANTIAGO 5.19, 20

Hagan brillar su luz delante de todos, para que
ellos puedan ver las buenas obras de ustedes
y alaben al Padre que está en el cielo.
MATEO 5.16

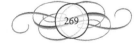

TRANSFORMACIÓN

Tú ERES UN HIJO DE DIOS, Y ERES MÍO PARA SIEMPRE. Un día, me *verás como yo soy*, cara a cara en gloria. Tú has sido miembro de mi familia real desde el momento que confiaste en mí como Salvador. Yo te estoy entrenando en los caminos de mi reino: *ser renovado en la actitud de tu mente; y ponerte el ropaje de la nueva naturaleza, creada a imagen de Dios*. Aunque tu nuevo yo está siendo conformado a mi imagen, este proceso no borra la esencia de lo que tú eres. Por el contrario, cuanto más eres *semejante a mí*, más te desarrollas en la persona única que yo diseñé para que fueras.

Como eres parte de mi familia real, eres un *coheredero conmigo, y compartirás mi herencia*. Sin embargo, debes *sufrir conmigo*, para *también tener parte conmigo en mi gloria*. No tienes que buscar formas de sufrir. Vivir en este mundo desmembrado proporciona amplia oportunidad para experimentar el dolor. Cuando surja la adversidad, búscame en medio de tus luchas. Pídeme que te ayude a tener un buen sufrir, en una manera digna de la realeza. Todo lo que tengas que soportar puede ayudarte a ser más semejante a mí. Recuerda la meta final: *en justicia contemplarás mi rostro; y te bastará*.

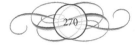

*Queridos hermanos, ahora somos hijos de Dios, pero
todavía no se ha manifestado lo que habremos de ser.
Sabemos, sin embargo, que cuando Cristo venga seremos
semejantes a él, porque lo veremos tal como él es.*
1 JUAN 3.2

*Con respecto a la vida que antes llevaban, se les
enseñó que debían quitarse el ropaje de la vieja
naturaleza, la cual está corrompida por los deseos
engañosos; ser renovados en la actitud de su mente; y
ponerse el ropaje de la nueva naturaleza, creada a
imagen de Dios, en verdadera justicia y santidad.*
EFESIOS 4.22-24

*Y, si somos hijos, somos herederos; herederos de Dios
y coherederos con Cristo, pues, si ahora sufrimos con
él, también tendremos parte con él en su gloria.*
ROMANOS 8.17

*Pero yo en justicia contemplaré tu rostro; me
bastará con verte cuando despierte.*
SALMOS 17.15

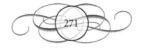

PREOCUPACIÓN

La protección definitiva para no naufragar durante las tormentas de la vida es desarrollar tu amistad conmigo. Malgastas una gran cantidad de tiempo preocupándote por las tormentas que puedes ver formándose en el horizonte de tu vida. En el pasado, muchas de las tormentas que habías anticipado cambiaron de rumbo y nunca te alcanzaron. Aunque algunas de ellas sí lo hicieron, por lo general, habían perdido su fuerza cuando te alcanzaron. Te animo a que cambies tu atención de las dificultades que *podrían* sobrevenirte a mi presencia, que *siempre* está contigo.

Nunca vas a encontrar seguridad tratando de anticipar todas las tormentas que te pueden sobrevenir algún día. Recuerda que yo controlo la atmósfera de tu vida. Confía en mí, relajándote y dejando tus preocupaciones a mi cuidado. Me apena verte obsesionado por posibles problemas en lugar de traer estas cargas a mí. Cuando te encuentres ansioso escrutando el horizonte de tu vida, úsalo como un recordatorio para *buscar mi presencia*. No me vas a encontrar lejos porque estoy al lado tuyo, tan cerca que no lo creerías.

En lugar de malgastar tiempo preocupándote, dedica el tiempo a cultivar una amistad estrecha conmigo. Háblame sobre todo lo que te preocupe: tanto las cosas que te sean agradables como tus problemas. Yo estoy

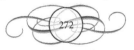

interesado en todo lo que tenga que ver contigo porque soy tu Amado perpetuo. Recuerda que *te sostengo de la mano derecha. Te guío con mi consejo* basado en sabiduría eterna; así es que no debes preocuparte por el futuro. Cuando el tiempo llegue, yo personalmente *te acogeré en gloria.* Mientras tanto, solo vive *cerca* de mí. Mi amistad es tu mejor refugio en las tormentas de la vida.

¡Refúgiense en el Señor y en su
fuerza, busquen siempre su presencia!
1 Crónicas 16.11

«Con amor eterno te he amado; por
eso te sigo con fidelidad».
Jeremías 31.3

Pero yo siempre estoy contigo, pues tú me sostienes
de la mano derecha. Me guías con tu consejo, y más
tarde me acogerás en gloria [...] Para mí el bien es
estar cerca de Dios. He hecho del Señor Soberano
mi refugio para contar todas sus obras.
Salmos 73.23, 24, 28

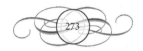

GRACIA

Tu relación conmigo está saturada en gracia. Por lo tanto, nada de lo que hagas o dejes de hacer puede separarte de mi presencia. Cuando sabes que me has fallado, los sentimientos de culpa y temor conspirarán para convencerte que has perdido mi amor. Tu sentimiento de indignidad te presionará para que tú mismo te castigues por tu pecado. Pero recuerda: *yo te he vestido con ropas de salvación y te he cubierto con el manto de la justicia.* Tu salvación tiene que ver conmigo y en lo que he hecho para rescatarte. Déjame ayudarte a que te sientas más seguro en mi amor.

En tiempos de profundo arrepentimiento, debes aferrarte a la gracia. Es absolutamente imposible que deje de amarte. Tu relación conmigo está tan saturada en la gracia que los dos —tú y yo— somos inseparables para siempre. Piensa en esto: la comida macerada no puede desmacerar. Cuanto más tiempo esté sumergida, más penetrará la mezcla, dándole sabor y ternura. Tú has sido marinado en gracia desde que creíste en mí como tu Salvador. Cuanto más prolongada sea la maceración, más permeará mi gracia nuestra relación. ¡Es imposible que la gracia te abandone!

Quiero que descanses en la perfección de tu salvación. *A mi vista, mi gracia gloriosa* te hace *santo y sin mancha.* Por eso, nada que tú hagas o dejes de hacer podrá jamás separarte de mi amor.

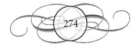

274

Porque por gracia ustedes han sido salvados mediante
la fe; esto no procede de ustedes, sino que es el regalo
de Dios, no por obras, para que nadie se jacte.
EFESIOS 2.8, 9

Me deleito mucho en el SEÑOR; me regocijo en mi
Dios. Porque él me vistió con ropas de salvación y
me cubrió con el manto de la justicia.
ISAÍAS 61.10

Dios nos escogió en él antes de la creación del mundo,
para que seamos santos y sin mancha delante de él.
En amor nos predestinó para ser adoptados como
hijos suyos por medio de Jesucristo, según el buen
propósito de su voluntad, para alabanza de su
gloriosa gracia, que nos concedió en su Amado.
EFESIOS 1.4-6

Ni lo alto ni lo profundo, ni cosa alguna en toda la
creación podrá apartarnos del amor que Dios nos
ha manifestado en Cristo Jesús nuestro Señor.
ROMANOS 8.39

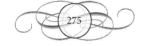

QUEBRANTAMIENTO

Yo soy el excelso y sublime cuyo nombre es santo. Aun así, yo decidí habitar con los quebrantados y los de espíritu abatido. Conozco bien la tendencia al orgullo que tiene mi gente, por eso proveo una variedad de circunstancias para que sea humildes. Tú no necesitas salir a buscar formas que te hagan ser humilde. Si tratas con todas tus fuerzas de ser *humilde de espíritu*, es muy probable que te vuelvas más orgulloso, o más insensato. En vez de eso, debes estar atento a lo que estoy haciendo en tu vida y dar lugar a mi obra. Tu enfoque no debería ser en cuán humilde eres, sino en cómo me puedes complacer en el momento presente.

Sentirte quebrantado —arrepentido por tus pecados— es completamente diferente. Tú *debes* examinarte y ser consciente de tus pecados de modo que puedas confesarlos y gozar de la libertad del perdón. Pídele al Espíritu Santo que te ayude a ver qué es, realmente, pecaminoso, mientras te protege de la trampa de las falsas culpas. Al identificar tus defectos, abre tu corazón a mi amorosa presencia. Yo estoy *cerca del contrito y humilde de espíritu*. Además, *yo reanimo el espíritu de los humildes y aliento el corazón de los quebrantados*. Así, esta actitud de humildad y arrepentimiento es realmente una forma de lograr la intimidad conmigo, llevándote a un gozo abundante. Mientras vas confiadamente caminando conmigo, *mi gran amor te envolverá*.

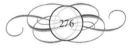

Porque lo dice el excelso y sublime, el que vive para siempre, cuyo nombre es santo: «Yo habito en un lugar santo y sublime, pero también con el contrito y humilde de espíritu, para reanimar el espíritu de los humildes y alentar el corazón de los quebrantados.
ISAÍAS 57.15

Humíllense, pues, bajo la poderosa mano de Dios, para que él los exalte a su debido tiempo.
1 PEDRO 5.6

El SEÑOR está cerca de los quebrantados de corazón, y salva a los de espíritu abatido.
SALMOS 34.18

Muchas son las calamidades de los malvados, pero el gran amor del SEÑOR envuelve a los que en él confían.
SALMOS 32.10

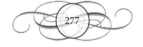

SU AMOR

YO ME DELEITO EN TI CON GOZO, Y ME ALEGRO POR TI CON CANTOS. A veces te sientes indigno de este maravilloso amor. Nadie puede ser lo bastante bueno o esforzarse tanto como para *merecer* mi amor, pero yo he decidido relacionarme contigo *compasivamente*. Mi muerte en la cruz satisfizo completamente la justicia, abriéndome el camino para mostrarte misericordia. Como tu Salvador resucitado, puedo otorgar vida eterna y amor a todo el que cree en mí. Yo *hermoseo al humilde con la salvación*, y, además, sin vergüenza alguna, *me complazco en mi pueblo*.

Te amo apasionadamente, pero no quiero que te sientas abrumado por la intensidad de mi amor. Ten la seguridad que me controlo para no «abrumar» a nadie con mi poderoso ardor. Yo sé precisamente lo que cada uno de mis hijos puede atender. Sin embargo, es posible aumentar tu *capax Dei*: tu capacidad de mí. Una de las mejores maneras es *deleitarte en mí*, alegrándote en mí por sobre todas las demás cosas. Pídele a mi Espíritu que te ayude en este esfuerzo. Aumentar tu deleite en mí te fortalecerá espiritualmente, permitiéndote recibir mayores porciones de mi amor.

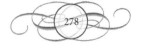

*El Señor tu Dios está en medio de ti como guerrero
victorioso. Se deleitará en ti con gozo, te renovará
con su amor, se alegrará por ti con cantos.*
SOFONÍAS 3.17

*Porque tanto amó Dios al mundo que dio a su
Hijo unigénito, para que todo el que cree en él
no se pierda, sino que tenga vida eterna.*
JUAN 3.16

*Porque Jehová se complace en su pueblo;
hermosea a los humildes con la salvación.*
SALMOS 149.4 RVR1977

*Deléitate en el Señor, y él te concederá
los deseos de tu corazón.*
SALMOS 37.4

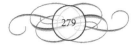

ESPERANZA

Yo te doy esperanza, esperanza de que la mejor parte de tu vida no está en el pasado. Más bien, se extiende ante ti gloriosamente: a una eternidad de experiencias que mejorarán con el tiempo. Por ahora, sin embargo, vives en un mundo de *muerte llanto, lamento y dolor*. Deja que la esperanza del cielo te capacite para vivir bien en este mundo corrompido que se está pereciendo. En el cielo, *yo enjugaré toda lágrima de tus ojos*, ¡permanentemente!

Si este mundo fuera todo lo que hay, sería una tragedia inimaginable. Cuando *el día del Señor* llegue, yo destruiré el universo entero tal como lo conoces. Y lo reemplazaré con un nuevo universo donde mis seguidores vivirán eternamente en un éxtasis inacabable. Deja que esta esperanza te dé el valor para mantener tu cabeza erguida mientras soportas sufrimientos y tristezas.

La mejor parte de tu vida te espera adelante, reservada para ti en el cielo, esperando tu llegada. Esto se aplica a todos los cristianos, tanto jóvenes como ancianos. Al envejecer y enfrentarte a enfermedades, seguramente sientes como si tu vida está llegando a su fin. Físicamente, tus limitaciones aumentan con la edad y las enfermedades. Sin embargo, tu vida espiritual puede abrirse cada vez más mientras tu alma se fortalece bajo la luz sustentadora de mi presencia. Cuando te «gradúes»

para ir al cielo, el gozo de tu alma se expandirá instantáneamente y en forma exponencial. *Dichoso el que coma en el banquete del reino de Dios.*

Él les enjugará toda lágrima de los ojos. Ya no habrá muerte, ni llanto, ni lamento ni dolor, porque las primeras cosas han dejado de existir».
APOCALIPSIS 21.4

¡Ay de aquel día, el día del SEÑOR, que ya se aproxima! Vendrá como devastación de parte del Todopoderoso.
JOEL 1.15

Al oír esto, uno de los que estaban sentados a la mesa con Jesús le dijo: «¡Dichoso el que coma en el banquete del reino de Dios!».
LUCAS 14.15

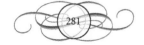

DESCANSAR EN ÉL

TÚ ERES MI AMADO. Aunque experimentes muchas dificultades en tu vida, *yo te protejo todo el día.* Tú no te puedes imaginar qué sería de tu vida si yo no te protegiera continuamente. La adversidad que yo permito que experimentes es, en último término, para tu bien y para mi gloria. Puedes *reposar seguro* confiando en que mi presencia protectora estará contigo siempre, sin importar las pruebas por las que estés pasando.

Tienes que tener claro una cosa cuya importancia es sobre todo lo demás: ¡tú eres, incuestionablemente, *la persona a la que el Señor ama!* En efecto, yo te amo tanto que cargo contigo cuando pasa por tiempos difíciles. Amado, tú puedes incluso *descansar tranquilo entre mis hombros* como un cordero al que su pastor carga tiernamente.

Además de ser tu pastor, también soy como un águila cuidando a sus aguiluchos mientras están aprendiendo a volar. Aunque *agite el nido* —para sacarte de tu zona de confort— no quito mis ojos de ti. Cuando al volar sientes que tus fuerzas flaquean y comienzas a caer en picado, yo *despliego mis alas* y te atrapo en ellas. Y te llevo hasta que estés listo para volar de nuevo. Cuanto mejor entiendas el cuidado constante que te brindo, mejor podrás *descansar tranquilo en mí.*

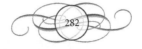

«Que el amado del Señor repose seguro en
él, porque lo protege todo el día y descansa
tranquilo entre sus hombros».
DEUTERONOMIO 33.12

«Yo soy el buen pastor; conozco a mis ovejas, y ellas
me conocen a mí [...] y doy mi vida por las ovejas».
JUAN 10.14, 15

Como un águila que agita el nido y
revolotea sobre sus polluelos, que despliega
su plumaje y los lleva sobre sus alas.
DEUTERONOMIO 32.11

INTIMIDAD CON ÉL

REFÚGIATE EN MÍ Y EN MI FUERZA; BUSCA SIEMPRE MI PRESENCIA. Mientras me buscas, quiero que *te alegres de veras*. Esto fortalecerá nuestra relación de amor. Imagínate a unos novios que se aman apasionadamente. Cuando el novio va a visitar a su prometida, ella no abre la puerta y dice, de manera insulsa: «Oh, eres tú». Ni él mira por sobre el hombro de ella como si no existiera para decir: «¿Qué tenemos para la cena?». No. Más bien sus corazones se regocijan por estar juntos. *Tú* eres *mi* prometido. Y yo soy el amante eterno de tu alma. Cuando *busques mi presencia*, recuerda quien soy yo —el Rey del universo— y regocíjate en el asombroso amor que te tengo. Esto energizará tus oraciones y traerá gozo a tu corazón.

También quiero que te *glories en mi santo nombre*. Mi nombre es santo porque me representa a mí y yo soy santo, perfecto en todos mis caminos. Mi nombre *que está sobre todo nombre*, pero tú puedes usarlo libremente para comunicarte conmigo y adorarme jubilosamente. Sin duda que eres privilegiado de tener tan fácil acceso a mí. Algunas personas se glorían en sus riquezas, en sus logros, en su belleza, en la fama que han alcanzado; pero yo te invito a que te glories en mí, tu Salvador, Señor y Amigo íntimo. Glorificarme te fortalecerá y te alegrará. *Refúgiate en mí y en mi fuerza.* Disfruta de mi amorosa presencia más y más.

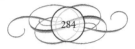

¡Gloríense en su nombre santo! ¡Alégrense de veras los que buscan al SEÑOR! ¡Refúgiense en el SEÑOR y en su fuerza, busquen siempre su presencia!
1 CRÓNICAS 16.10, 11

El celo que siento por ustedes proviene de Dios, pues los tengo prometidos a un solo esposo, que es Cristo...
2 CORINTIOS 11.2

Nadie tiene amor más grande que el dar la vida por sus amigos.
JUAN 15.13

Por eso Dios lo exaltó hasta lo sumo y le otorgó el nombre que está sobre todo nombre, para que ante el nombre de Jesús se doble toda rodilla en el cielo y en la tierra y debajo de la tierra.
FILIPENSES 2.9, 10

FE

YO TE OFREZCO UN GOZO INDESCRIPTIBLE Y GLORIOSO
QUE PROVIENE DIRECTAMENTE DESDE EL MISMÍSIMO CIE-
LO. Este gozo *triunfante y celestial* se puede hallar solo en
mí. Es fácil que te deslices, incluso muy gradualmente,
desde regocijarte en mí a vivir para la próxima experiencia espiritual. Aunque yo te concedo algunos placeres
celestiales mientras aun vives en la tierra, es mayormente
para despertarte el apetito por la próxima vida. No sub-
estimes el deterioro del mundo donde vives ahora. Tu
disfrute exuberante de mi presencia siempre estará mez-
clado con las tristezas de vivir en este mundo caído, hasta
que te acoja en gloria.

Algún día me verás cara a cara, pero por ahora, *me
amas a pesar de no haberme visto. Aunque no me ves,
crees en mí.* Esta es la forma más hermosa de vivir, y da
fe de tu calidad de miembro de mi familia real. Tu amor
por mí —mi Persona invisible— no es irracional ni enig-
mático. Es una respuesta a mi desbordante amor por ti,
dramáticamente desplegado en la cruz y verificado por
mi resurrección. ¡Tú adoras a un Salvador resucitado y
que vive! *Dichosos los que no han visto han visto y sin
embargo creen.*

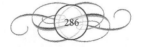

*Ustedes lo aman a pesar de no haberlo visto; y,
aunque no lo ven ahora, creen en él y se alegran
con un gozo indescriptible y glorioso.*
1 PEDRO 1.8

*Pero yo siempre estoy contigo, pues tú me
sostienes de la mano derecha. Me guías con tu
consejo, y más tarde me acogerás en gloria.*
SALMOS 73.23, 24

Nosotros amamos a Dios porque él nos amó primero.
1 JUAN 4.19

*—Porque me has visto, has creído —le dijo Jesús—;
dichosos los que no han visto y sin embargo creen.*
JUAN 20.29

VIDA VICTORIOSA

RECIBE MI GLORIOSO PODER. Cuando los problemas persistentes requieren *perseverar*, a veces tu fe se tambalea. Entonces es cuando recurres a rechinar los dientes, recreándote en un estado mental negativo. Esta *no* es la manera en que yo quiero que enfrentes las dificultades. Yo soy soberano sobre las circunstancias de tu vida, por eso siempre hay oportunidades que puedes encontrar en ellas. En otras ocasiones —especialmente cuando el camino se hace duro y parece interminable— tienes que buscar los tesoros escondidos. No seas como aquel hombre que *escondió su dinero en la tierra* porque no estaba contento con las circunstancias. Se dejó vencer y tomó el camino más fácil: culpar a su situación difícil en lugar de esforzarse con la oportunidad que se le daba. La verdad es, cuanto más difícil tu situación, más tesoros habrá para descubrir.

Yo gustoso te doy gloria y fuerza; son ilimitadas y no tienen costo alguno para mis seguidores. Es supremamente potente, porque el Espíritu mismo te capacita, *te fortalece en lo íntimo de tu ser*. Además, mi fuerza gloriosa te capacita para soportar lo insoportable. Como esta fuerza no tiene límites, hay más que suficiente en ella para desbordarse en gozo.

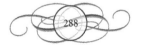

Y ser fortalecidos en todo sentido con su glorioso poder.
Así perseverarán con paciencia en toda situación.
COLOSENSES 1.11

Miren, el SEÑOR omnipotente llega con
poder [...] su recompensa lo precede.
ISAÍAS 40.10

Así que tuve miedo, y fui y escondí su dinero en
la tierra. Mire, aquí tiene lo que es suyo.
MATEO 25.25

Le pido que, por medio del Espíritu y con el
poder que procede de sus gloriosas riquezas, los
fortalezca a ustedes en lo íntimo de su ser, para
que por fe Cristo habite en sus corazones.
EFESIOS 3.16, 17

TRANSFORMACIÓN

No hay ningún velo entre tu rostro y el mío. Al mirar mi radiante perfección, *eres transformado a mi semejanza*. Concentrarte en mí parece algo sencillo, pero, como sabes, no lo es.

El mundo, la carne (la naturaleza caída) y el diablo, todo conspira para apartarte de mí: gente impía trata de eliminarme de lugares públicos, de las escuelas e incluso de la Navidad. Tu mente, ya en una condición caída, es implacablemente expuesta por los medios de comunicación a mensajes contrarios a la Biblia. En la raíz de toda esta oposición está tu enemigo, el diablo. *Resístelo y mantente firme en la fe*.

Entiendo tus debilidades y la crueldad de la batalla que libras. Me regocijo en tu deseo de contemplarme y *semejar mi gloria*. Habiendo plantado tal anhelo en tu corazón, quiero verlo florecer. Tómate tu tiempo; toma tiempo conmigo. Rechaza ser desalentado por distracciones y por lo voluble de tu mente. Simplemente vuelve tu enfoque a mí cada vez que sientas que te estás alejando. Al esperar persistentemente en mi presencia, pídele al Espíritu que te ayude. Poco a poco, él te *transformará según mi imagen*. Es posible que ni siquiera te des cuenta de estos cambios porque el olvido de ti mismo aumenta al centrarte en mí. Sin embargo, reflejarás cada vez más mi gloria y harás que otros vengan a mí.

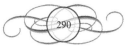

*Así, todos nosotros, que con el rostro descubierto
reflejamos como en un espejo la gloria del Señor,
somos transformados a su semejanza con más y más
gloria por la acción del Señor, que es el Espíritu.*
2 CORINTIOS 3.18

*Resístanlo, manteniéndose firmes en la fe, sabiendo
que sus hermanos en todo el mundo están
soportando la misma clase de sufrimientos.*
1 PEDRO 5.9

*Bueno es el SEÑOR con quienes en él confían, con
todos los que lo buscan. Bueno es esperar
calladamente que el SEÑOR venga a salvarnos.*
LAMENTACIONES 3.25, 26

*Porque a los que Dios conoció de antemano, también los
predestinó a ser transformados según la imagen de su Hijo,
para que él sea el primogénito entre muchos hermanos.*
ROMANOS 8.29

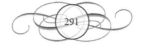

DEPENDER DE ÉL

Yo quiero que seas completamente mío. Tu seguridad descansa solamente en mí; no en otra persona ni en ninguna circunstancia. Sin embargo, tú todavía no te has separado de otras dependencias: quieres depender de personas que te ayuden y de las circunstancias favorables, tanto como de mí.

No te pido que te transformes en un ermitaño o que te aísles de otras personas. Por el contrario, yo quiero que mis hijos ayuden y amen a los demás. Una de las mejores formas en que puedo bendecir a las personas es a través de acciones hechas con amor por otros. Sin embargo, necesitas recordar que *toda buena dádiva y todo don perfecto* proceden en última instancia de mí, aunque lleguen a ti a través de manos humanas.

El mayor peligro de poner la dependencia en un lugar equivocado es que puede transformarse en idolatría. Si dejas que tu bienestar básico dependa de la conducta de otra persona, estarás elevando a esa persona a una posición que solo yo tendría que ocupar. Esto no solo me desagradaría, sino que es destructivo. Porque las personas son imperfectas e impredecibles, tu vida puede llegar a ser como un par de vueltas en la montaña rusa: sujeta a los caprichos y estados de ánimo del otro. Y lo que es peor, tu intimidad conmigo estará entorpecida por tu preocupación con otra persona. ¡Yo merezco el primer lugar en tu corazón!

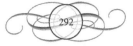

Quiero que te *alegres en mí siempre*, en cualesquiera circunstancias. Puedes pedir libremente lo que desees, trayéndome tus *peticiones y dándome gracias*. Independientemente de cómo conteste yo tus peticiones, esta transacción de oración incluye una promesa: *mi paz cuidará tu corazón y tu pensamiento*, manteniéndote cerca de mí.

Toda buena dádiva y todo don perfecto descienden de lo alto, donde está el Padre que creó las lumbreras celestes...
SANTIAGO 1.17

Sin embargo, tengo en tu contra que has abandonado tu primer amor.
APOCALIPSIS 2.4

Alégrense siempre en el Señor [...] No se inquieten por nada; más bien, en toda ocasión, con oración y ruego, presenten sus peticiones a Dios y denle gracias. Y la paz de Dios, que sobrepasa todo entendimiento, cuidará sus corazones y sus pensamientos en Cristo Jesús.
FILIPENSES 4.4-7

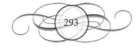

ESCUCHARLO A ÉL

¡Escúchame! Así podrás *vivir tranquilo, sosegado y sin temor del mal.* Escucharme es el camino de la sabiduría. Yo pongo a la sabiduría al alcance de cualquiera que esté dispuesto a escucharme. *Clama la sabiduría en las calles; en los lugares públicos levanta su voz* proclamando la verdad abiertamente. Los que ignoran su mensaje clamarán por misericordia en el día del juicio, pero será demasiado tarde. ¡*Ahora* es el tiempo para escuchar!

Es muy importante que me escuches con precisión y coherencia. Si me escuchas incorrectamente, podrías encontrarte adorando a un falso dios: practicando la idolatría. El mejor dispositivo de seguridad contra este engaño mortal es estudiar mi Palabra y meditar en ella. Al hacerlo, las Escrituras echarán raíces y florecerán dentro de ti cambiando tu manera de pensar. Mi Palabra *es viva y poderosa y* más cortante que *cualquier espada de dos filos,* capaz de hacer grandes cosas en ti.

Escucharme diariamente es tanto una disciplina como una actitud del corazón. Cuanto más seguro estás de mi amor por ti, más motivado estarás para escucharme. Yo tengo un *gran amor* por todos los que me conocen como Dios y Salvador. Mírame a través de los ojos de la fe y contempla mi faz irradiando sobre ti con aprobación cariñosa. *Escúchame*, porque este es el camino de la Paz.

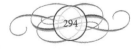

Pero el que me obedezca vivirá
tranquilo, sosegado y sin temor del mal.
PROVERBIOS 1.33

Clama la sabiduría en las calles; en los lugares públicos
levanta su voz… a la entrada de la ciudad razona:
«¿Hasta cuándo… ustedes los insolentes, se complacerán
en su insolencia [y] aborrecerán el conocimiento?
PROVERBIOS 1.20-22

Ciertamente, la palabra de Dios es viva y poderosa,
y más cortante que cualquier espada de dos filos.
Penetra hasta lo más profundo del alma y del
espíritu, hasta la médula de los huesos, y juzga los
pensamientos y las intenciones del corazón.
HEBREOS 4.12

Que irradie tu faz sobre tu siervo;
por tu gran amor, sálvame.
SALMOS 31.16

PERSEVERANCIA

Yo soy fiel. No permitiré que seas tentado más allá de lo que puedas aguantar. Halla consuelo y paz en esta promesa potente. Sé que a veces te sientes como si hubieses llegado al límite de tu resistencia. Sin embargo, yo estoy presente en medio de tus luchas, listo para ayudarte.

Cada prueba que viene a tu vida puede fortalecerte (si confías en mi cuidado) o tentarte para pecar (si decides, en cambio, dudar de mí y seguir tu propio camino). De este modo, cualquiera dificultad que tengas que enfrentar es una prueba de tu fe. Esta fe tuya *vale mucho más que el oro*, y se profundiza a medida que el tiempo de prueba se prolonga. Así, tus pruebas tienen sentido y propósito.

Cuando sientas como si tu fe estuviera llegando a un punto de crisis, ayuda recordar que lo que estás experimentando es *común al género humano*. No eres el único en soportar adversidades; el sufrimiento es inevitable en un mundo caído. Lo más importante de recordar es que *yo soy fiel*, totalmente digno de tu confianza en cualquier situación. Sé exactamente hasta cuánto puedes soportar y pongo límites a tus sufrimientos. No multipliques tus tribulaciones cuando las proyectas al futuro como si no fueran a acabarse nunca porque yo puedo aliviarte o quitarlas en cualquier momento. Tu

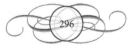

responsabilidad es confiar continuamente en mí en el presente, y esperar que *yo te daré una salida*, a mi manera y en mi tiempo. Mientras esperas en mi presencia, *ten valor y cobra ánimo*.

Ustedes no han sufrido ninguna tentación que no sea común al género humano. Pero Dios es fiel, y no permitirá que ustedes sean tentados más allá de lo que puedan aguantar. Más bien, cuando llegue la tentación, él les dará también una salida a fin de que puedan resistir.
1 Corintios 10.13

El oro, aunque perecedero, se acrisola al fuego. Así también la fe de ustedes, que vale mucho más que el oro, al ser acrisolada por las pruebas demostrará que es digna de aprobación, gloria y honor cuando Jesucristo se revele.
1 Pedro 1.7

Pon tu esperanza en el Señor; ten valor, cobra ánimo; ¡pon tu esperanza en el Señor!
Salmos 27.14

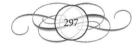

RENOVACIÓN DE LA MENTE

Yo rescato tu vida del sepulcro; te cubro de amor y compasión; te colmo de bienes y te rejuvenezco. Te he dado estos magníficos regalos porque *me complazco en ti*. Deja que mi deleite llegue hasta lo más profundo de tu ser, y satisfaga tu alma. Aunque conozco tus pecados y debilidades, mi amor perfecto nunca vacila. Ante todo, te veo como mi redimido, que lleva una *corona del paraíso* y *cubierto de amor y compasión*.

Quiero que tengas presente esta identidad como mi amado, a pesar de que, a menudo, tus pensamientos se atascan en asuntos triviales, sobre todo cuando tu mente está en neutro. Por esto te aconsejo que *te mantengas alerta y perseveres en oración*. De hecho, la oración es uno de los medios más efectivos para mantenerte centrado. Al enfrentar tus circunstancias presentes, invítame a participar. Tráeme lo que sea que estés haciendo, pensando, sintiendo; mantente en conversación conmigo. Esto te ayudará a centrarte menos en lo trivial y más en las realidades gloriosas. Mientras te comunicas conmigo, *renovaré tus fuerzas*. Independientemente de la edad que tienes, *¡eres siempre rejuvenecido en mi presencia!*

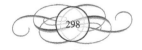

Él rescata tu vida del sepulcro y te cubre de amor y compasión; él colma de bienes tu vida y te rejuvenece como a las águilas.
SALMOS 103.4, 5

Porque el SEÑOR se complace en su pueblo; a los humildes concede el honor de la victoria.
SALMOS 149.4

Oren en el Espíritu en todo momento, con peticiones y ruegos. Manténganse alerta y perseveren en oración por todos los santos.
EFESIOS 6.18

Pero los que confían en el SEÑOR renovarán sus fuerzas; volarán como las águilas: correrán y no se fatigarán, caminarán y no se cansarán.
ISAÍAS 40.31

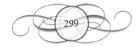

CONFIANZA

Vivir cerca de mí nunca será monótono o predecible. Cada día te trae más de una sorpresa. ¡Espérala! Sé
que las esperas con emociones mixtas debido a tu relación
amor y odio con las sorpresas. Tú disfrutas la explosión
de adrenalina que acompañan las experiencias nuevas e
inesperadas; te avivan y te llevan más allá de tu rutina or-
dinaria. Pero hay una parte de ti que prefiere que la vida
sea predecible. De hecho, por lo general intentas organi-
zar todo para minimizar la posibilidad de sorpresas.

Yo nunca me voy a limitar a hacer solo lo que puedes
anticipar y entender. *Mis caminos y mis pensamientos son
más altos que los tuyos,* por tal motivo lo inesperado es
posible. ¡Si me limitara, dejaría de ser Dios! Por eso, espera que tu vida sea sorprendente al madurar cerca de mí.
Aún más, quiero ayudarte a ser más feliz en tu caminar
impredecible conmigo.

En realidad, hay mucho mérito en esperar sorpresas.
Esto te ayuda a ver algún hecho imprevisto no como algo
malo, sino como algo que procede de mí. Con esta actitud
mental es más fácil que te vuelvas a mí inmediatamente en lugar de sentirte inquieto. Puedes pedirme que te
ayude a hallar todo lo bueno que yo he infundido en ese
hecho, de modo que puedas reaccionar apropiadamente.
Si te sientes inseguro, simplemente acércate más a mí.

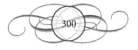

En la medida que aprendas a esperar sorpresas cada día, tu vida será más excitante. Vas a descubrir trazos de mi vibrante presencia en lugares inusuales. Y más y más vas a ver que tus días brillarán con gozo, por el placer de saber que me tienes a tu lado.

Mis caminos y mis pensamientos son más altos que los de ustedes; ¡más altos que los cielos sobre la tierra!
ISAÍAS 55.9

Con tu apoyo me lanzaré contra un ejército; contigo, Dios mío, podré asaltar murallas.
SALMOS 18.29

Ustedes lo aman a pesar de no haberlo visto; y, aunque no lo ven ahora, creen en él y se alegran con un gozo indescriptible y glorioso.
1 PEDRO 1.8

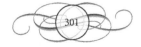

GOZO

PERMANECE SIEMPRE ALEGRE; ORA SIN CESAR; DA GRA-
CIAS EN TODA SITUACIÓN. La única manera de *alegrarte*
constantemente, es regocijarte en tu irrebatible relación
conmigo, aquel que gobierna el universo. Esta relación
está llena de esperanza, así es que es posible *alegrarse en
la esperanza* aun en medio de aflicciones incesantes.

La manera más sencilla de hallar gozo o alegría en mí
es *dar gracias en toda situación*. Hay una fuerza inmensa
en esta simple oración: «Gracias, Jesús». Esta breve oración es apropiada para todo tiempo y toda situación por
mi gran sacrificio por ti. Yo te animo a ser agradecido por
cada cosa buena tan pronto como te das cuenta de ella.
Esta práctica añade brillo a tus bendiciones, aumentando
tu gozo; también te ayuda a *orar sin cesar*, persistente y
perseverantemente.

Cuando te empieces a sentir tedioso o desalentado,
todavía es un buen momento para darme las gracias.
Este pequeño acto de gratitud puede aclarar tu perspectiva inmediatamente. Para intensificar tu agradecimiento,
piensa en cosas específicas sobre mí que te traen deleite;
como, por ejemplo: mi gracia abundante, *mi gran amor*,
mi presencia continua. Dar gracias en toda circunstancia
es una gozosa disciplina; te da poder para *elevar tu alma*
y vivir cerca de mí.

*Estén siempre alegres, oren sin cesar, den gracias
a Dios en toda situación, porque esta es su
voluntad para ustedes en Cristo Jesús.*
1 Tesalonicenses 5.16-18

*Alégrense en la esperanza, muestren paciencia
en el sufrimiento, perseveren en la oración.*
Romanos 12.12

*En él tenemos la redención mediante su sangre,
el perdón de nuestros pecados, conforme a
las riquezas de la gracia que Dios nos dio en
abundancia con toda sabiduría y entendimiento.*
Efesios 1.7, 8

*Por la mañana hazme saber de tu gran amor, porque
en ti he puesto mi confianza. Señálame el camino
que debo seguir, porque a ti elevo mi alma.*
Salmos 143.8

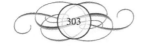

PERMANECER EN ÉL

Tus pasos están dirigidos por mí, aun cuando tu caminar a menudo parezca caótico. El camino que está delante de ti ahora está velado por la incertidumbre: tienes decisiones que tomar, pero muy poca información para saber qué camino escoger. Dar el siguiente paso tiene sus riesgos, es como saltar a lo desconocido. Lo mejor que puedes hacer en circunstancias así es aferrarte de mí. Imagínate a una joven caminando por una calle llena de actividad acompañada por un adulto de confianza. Ella puede sentirse abrumada y temerosa de perderse entre tanta gente. Pero, si se mantiene tomada de la mano del adulto, llegará sin problemas a donde va. De igual manera, mientras vayas tomado de mi mano que te guíe y ayude, estarás seguro.

Aunque no conozcas el camino por el que debes ir, conoces a quien es *el camino*. Mantente cerca de mí y no te vas a extraviar. Ya que yo soy soberano de tu vida, realmente *dirijo tus pasos* y les doy seguridad, aunque te parezca que vas caminando al azar. Comparte conmigo tu incertidumbre y tu temor de tomar una decisión equivocada. Recuerda que la decisión más importante que tomas cada momento es mantenerte comunicado conmigo. Así es como te aferras de mi mano. Así es como confías en mi dirección mientras vas transitando —paso a paso— por el camino que no puedes ver.

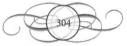

JESÚS VIVE

Los pasos del hombre los dirige el Señor. ¿Cómo puede el hombre entender su propio camino?
Proverbios 20.24

—Yo soy el camino, la verdad y la vida —le contestó Jesús—. Nadie llega al Padre sino por mí.
Juan 14.6

El corazón del hombre traza su rumbo, pero sus pasos los dirige el Señor.
Proverbios 16.9

Vivimos por fe, no por vista.
2 Corintios 5.7

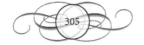

SEGURIDAD

Mɪ ᴅᴇsᴇᴏ ᴇs ǫᴜᴇ ᴄᴏɴғíᴇs ᴇɴ ᴍí ʟᴏ sᴜғɪᴄɪᴇɴᴛᴇ ᴄᴏᴍᴏ ᴘᴀʀᴀ sᴇʀ ᴄᴏᴍᴘʟᴇᴛᴀᴍᴇɴᴛᴇ ᴛú ᴄᴏɴᴍɪɢᴏ. Cuando eres auténtico conmigo, yo puedo sacar lo mejor de ti: los dones que puse en tu alma.

Es cierto, ser auténtico puede resultar bastante doloroso porque primero, tienes que serlo contigo mismo. Cuando te sientes descontento contigo mismo, es posible que —en lugar de traerlos a mí, prefieras adormecer o ignorar esos sentimientos. Pero no temas: yo te daré el valor para enfrentarte contigo mismo con toda honestidad.

La mejor manera de hacerlo es recordar que estás siempre arropado en mi *manto de justicia*. No tengo ilusiones sobre lo que yace debajo de esas prístinas *ropas de salvación*. Sin embargo, *me deleito en ti con gozo*; e incluso *me alegro por ti con cantos*.

Ábrete a *mi gran amor*. Comparte conmigo lo que molesta; vive tu dolor a la luz de mi presencia amorosa. En esta luz brillante puedes analizar tu lamentable condición sin desesperarte, porque la seguridad de mi amor proporciona esperanza. También encontrarás que aquello a lo que más temías exponer no se compara con el poder de mi radiante presencia. Confía en mi cuidado más que suficiente y pídeme que te transforme de acuerdo con los planes que tengo para ti.

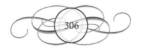

Colabora conmigo mientras obro para multiplicar los dones que sembré en tu alma.

«No temas, porque no serás avergonzada. No te turbes, porque no serás humillada. Olvidarás la vergüenza de tu juventud, y no recordarás más el oprobio de tu viudez. Porque el que te hizo es tu esposo; su nombre es el SEÑOR Todopoderoso. Tu Redentor es el Santo de Israel; ¡Dios de toda la tierra es su nombre!».
ISAÍAS 54.4, 5

Me deleito mucho en el SEÑOR; me regocijo en mi Dios. Porque él me vistió con ropas de salvación y me cubrió con el manto de la justicia. Soy semejante a un novio que luce su diadema, o una novia adornada con sus joyas.
ISAÍAS 61.10

El SEÑOR tu Dios está en medio de ti como guerrero victorioso. Se deleitará en ti con gozo, te renovará con su amor, se alegrará por ti con cantos.
SOFONÍAS 3.17

Pero yo confío en tu gran amor; mi corazón se alegra en tu salvación. Canto salmos al SEÑOR. ¡El SEÑOR ha sido bueno conmigo!
SALMOS 13.5, 6

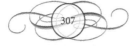

ACTITUD

Yo he preparado este día con la más tierna preocupación y atención a los detalles. En lugar de aproximarte al día como una página en blanco necesitas llenarlo, tratar de vivirlo en una forma consciente, y buscar todo lo que estoy haciendo. Esto te permitirá descubrir y responder a las oportunidades que yo pongo ante ti hoy.

Muchos piensan que pueden vivir independientemente de mí, pero eso no es más que una ilusión. *¡Yo sostengo todo con mi palabra poderosa!* No solo eso, sino que también soy tu Creador, el iniciador de tu vida. Tu primer llanto como bebé fue una respuesta a la vida que te di. Cuando dejo de sostener la vida de alguien, esa persona muere. Por eso, vivir responsablemente es cosa de alinearte con la más alta realidad: mi soberanía sobre cada aspecto de tu vida. Esto puede aumentar tu sensación de seguridad si realmente confías en mí. De esta manera, el arte de vivir bien descansa sobre un fundamento de confianza. Confianza en mi bondad absoluta, en mi sabiduría infinita y en mi amor perpetuo.

Para construir sobre este fundamento, tienes que ser perspicaz, ver cosas desde mi perspectiva tanto como de la tuya. Tratar de ver lo que yo estoy haciendo en el panorama general de tu vida tanto como en los detalles de cada uno de tus días. Conducir tu vida en esta forma requiere concentración, porque el mundo está siempre listo

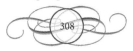

para distraerte de mí. Sin embargo, cuando *tengas* éxito en vivir responsablemente, vas a sentir que estás viviendo plena y ricamente conectado conmigo. Esto es un anticipo de lo que te espera en el cielo, donde reaccionarás a mí perfectamente por toda la eternidad.

*El Hijo es el resplandor de la gloria de Dios,
la fiel imagen de lo que él es, y el que sostiene
todas las cosas con su palabra poderosa.*
HEBREOS 1.3

*¿No se venden dos gorriones por una monedita? Sin
embargo, ni uno de ellos caerá a tierra sin que lo
permita el Padre; y él les tiene contados a ustedes
aun los cabellos de la cabeza. Así que no tengan
miedo; ustedes valen más que muchos gorriones.*
MATEO 10.29-31

*Pero yo confío en tu gran amor; mi
corazón se alegra en tu salvación.*
SALMOS 13.5

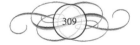

ADVERSIDAD

Yo no soy un Dios descuidado. Sin embargo, cuando permito que las dificultades vengan a tu vida, cosas que sabes que pude haber prevenido, puedes sentirte como si me hubiera descuidado de ti. En esas ocasiones, recuerda que yo te he equipado de tal manera que puedas manejar lo que sea que se presente en el camino. Todo lo que necesitas es ayuda para saber usar las *herramientas*.

Mi Palabra y mi Espíritu están disponibles para ayudarte gratuitamente. La Biblia te imparte sabiduría esencial: mis promesas de estar cerca de ti y preocuparme por ti, exhortaciones que te ayudan a evitar trampas del pecado, ofertas de perdón cuando has extraviado el rumbo, y mucho más.

Es importante que no te sorprendan o alarmen las muchas pruebas que vienen a tu vida. Mientras no llegues a tu hogar en el cielo, siempre vas a estar en guerra. Adoptar una mentalidad de tiempo de guerra te hará más fácil lidiar con las dificultades cuando se presenten. No pierdas tiempo ni energías lamentándome de tus circunstancias. Y evita la trampa de sentir que estás solo cuando las pruebas arrecian.

Yo te he equipado para que puedas enfrentarte a la adversidad. Pero tienes que esforzarte y usar lo que he provisto: Mi presencia, mi Palabra y mi Espíritu. *Ven a mí cuando estés cargado y agobiado y encontrarás descanso para tu alma.*

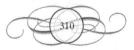

*Así que no temas, porque yo estoy contigo; no te
angusties, porque yo soy tu Dios. Te fortaleceré y te
ayudaré; te sostendré con mi diestra victoriosa.*
ISAÍAS 41.10

*Practiquen el dominio propio y manténganse alerta. Su
enemigo el diablo ronda como león rugiente, buscando
a quién devorar. Resístanlo, manteniéndose firmes en
la fe, sabiendo que sus hermanos en todo el mundo
están soportando la misma clase de sufrimientos.*
1 PEDRO 5.8, 9

*Vengan a mí todos ustedes que están cansados y
agobiados, y yo les daré descanso. Carguen con mi
yugo y aprendan de mí, pues yo soy apacible y humilde
de corazón, y encontrarán descanso para su alma.*
MATEO 11.28, 29

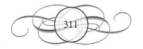

SU SUFICIENCIA

En este mundo disperso y fragmentado, yo soy la realidad central que mantiene todo en orden. Si mantienes tu mirada en mí, tu vida tendrá sentido y belleza. Sin mí, el mundo sería un lugar absolutamente desolado, sin sentido o esperanza. Yo vine al mundo para mostrarte el camino *al Padre*, el camino a la vida eterna. Sin embargo, yo soy infinitamente más que una señal apuntando en la dirección correcta. Yo mismo *soy el Camino. Dado que mi Padre y yo somos uno*, ¡yo soy el Dios Todopoderoso! Pero yo me digné hacerme un hombre para poder llevar tus pecados y ser tu amigo. También quise mostrarte el rostro de mi Padre, en y a través de mí.

Todo lo que necesitas está concentrado en mí. En el mundo escasea la verdad, pero *yo soy la verdad*. Al llenar tu corazón y tu mente con las maravillas de mi glorioso ser, mantengo tu mente enfocada y alerta, expulsando las oscuridades del pensamiento mundano. Esto crea un espacio sagrado en ti, espacio donde mi forma de vida puede prosperar.

Aparte de mí, no hay otro camino a la vida eterna, pero tú no necesitas otro camino. ¿Por qué habrías de querer seguir los pasos de un camino hecho por el hombre cuando mi *camino de vida* está abierto ante ti? Este camino se ilumina con una presencia radiante, y se extiende

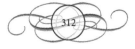

hasta la eternidad. Si te mantienes en este camino conmigo, yo te daré muestras de *dicha eterna.*

—Yo soy el camino, la verdad y la vida —le contestó Jesús—. Nadie llega al Padre sino por mí.
JUAN 14.6

El Padre y yo somos uno.
JUAN 10.30

El Hijo es el resplandor de la gloria de Dios, la fiel imagen de lo que él es, y el que sostiene todas las cosas con su palabra poderosa.
HEBREOS 1.3

Me has dado a conocer la senda de la vida; me llenarás de alegría en tu presencia, y de dicha eterna a tu derecha.
SALMOS 16.11

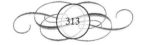

PROTECCIÓN

No tengas miedo de andar por valles tenebrosos. Mi radiante presencia brilla intensamente en ese valle profundo y oscuro, dándote fuerza, valor y alivio. Mi amado, no hay valle ni foso demasiado profundo y oscuro del que yo no pueda ver el fondo. Incluso si te alejas de mí y caes en un *foso de lodo*, no necesitas desesperarte. Si clamas a mí, te *sacaré del lodo y del pantano, y pondré tus pies sobre una roca y te plantaré en terreno firme.*

Cada vez que empieces a sentir miedo, recuerda que yo, tu Pastor, estoy armado. Nunca estoy sin mi vara de protección, y la uso con letal precisión. Mi callado de pastor es para guiarte. El extremo curvo es perfecto para sacarte del peligro o rescatarte cuando has caído más allá del alcance de mi brazo. Encontrarás consuelo en la protección constante y dirección que te proveo.

Cuando te enfrentes al temor, recuerda que yo soy el que *marcha al frente de ti y está contigo, y nunca te dejaré ni te abandonaré.* Mientras caminas por el valle de las adversidades, deja que estas ocho cortas palabras caigan como cascada a través de tu mente: *no temo peligro alguno porque tú estás a mi lado.*

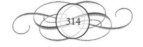

*Aun si voy por valles tenebrosos, no temo
peligro alguno porque tú estás a mi lado;
tu vara de pastor me reconforta.*
SALMOS 23.4

*Puse en el SEÑOR toda mi esperanza; él se inclinó
hacia mí y escuchó mi clamor. Me sacó de la fosa
de la muerte, del lodo y del pantano; puso mis pies
sobre una roca, y me plantó en terreno firme.*
SALMOS 40.1, 2

*Yo soy el buen pastor. El buen pastor
da su vida por las ovejas.*
JUAN 10.11

*El SEÑOR mismo marchará al frente de
ti y estará contigo; nunca te dejará ni te
abandonará. No temas ni te desanimes.*
DEUTERONOMIO 31.8

RENOVACIÓN DE LA MENTE

Todo lo que es verdadero, respetable, justo, puro, amable, digno de admiración, considera bien. Vives en un mundo donde los medios de comunicación dirigen tu atención hacia lo que es falso, degradante, errado, impuro, violento. La verdad ha sido desplazada por historias sensacionales que atraen a los anunciantes. No es accidente que «verdadero» sea el primer adjetivo en esta lista de excelentes cualidades. Sin verdad, no hay nada digno en qué pensar. Por eso es que resulta esencial que llenes tu mente con las Escrituras, desarrollando una visión bíblica del mundo.

Aun cuando hay tanto descalabro en el mundo, todavía es posible que encuentres en él mucho de lo que es *excelente o merezca elogio*. Busca tales cosas como tesoros escondidos. Cuando desentierres algo hermoso, medita en ello y alábame por eso que encontraste. Cuéntales a otros tus hallazgos. Ayúdales a que ellos también encuentren belleza y sentido a sus vidas.

Cosas verdaderas, nobles y admirables todavía se pueden encontrar en muchos lugares de la tierra, pero son más abundantes y disponibles en mí. Por eso, te aliento a que *me consideres* tanto como te sea posible. Susurra mi nombre para recordarte que yo estoy siempre a «distancia de susurro». Observa al mundo que te rodea con ojos de gratitud; agradéceme las muchas cosas

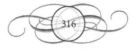

buenas que puedes ver. Tráeme tus problemas y tus alabanzas, y fíjate cómo transformo las dificultades en algo digno de alabanza.

Por último, hermanos, consideren bien todo lo verdadero, todo lo respetable, todo lo justo, todo lo puro, todo lo amable, todo lo digno de admiración, en fin, todo lo que sea excelente o merezca elogio.
FILIPENSES 4.8

Por lo tanto, hermanos, ustedes que han sido santificados y que tienen parte en el mismo llamamiento celestial, consideren a Jesús, apóstol y sumo sacerdote de la fe que profesamos.
HEBREOS 3.1

Él me invocará, y yo le responderé; estaré con él en momentos de angustia; lo libraré y lo llenaré de honores.
SALMOS 91.15

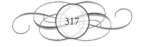

SU AMOR

AUNQUE CAMBIEN DE LUGAR LAS MONTAÑAS Y SE TAM-
BALEEN LAS COLINAS, NO CAMBIARÁ MI FIEL AMOR POR
TI NI VACILARÁ MI PACTO DE PAZ. Nada en la tierra parece
tan permanente e inamovible como las majestuosas montañas. Cuando tú te paras en sus alturas —respirando aire
enrarecido— casi puedes sentir el aroma de eternidad.
¡Pero mi amor y mi paz son aún más perdurables que esas
grandes montañas en la tierra!

Piensa seriamente sobre *mi fiel amor*. Y porque es
fiel es *inagotable*. No importa cuán necesitado estés o
cuántas veces me hayas fallado, mi provisión de amor
para ti nunca se agotará. Otra implicación de «fiel» es que
es *constante*. Yo no te amo más los días en que te por-
tas bien ni te amo menos cuando me fallas. Mi amor es
más persistente, invariable y firme de lo que tú podrías
comprender. Abre tu corazón para recibir este don maravilloso en medida rebosante.

Mi pacto de paz es un don soberano de la gracia y es
completamente seguro. No puedo privarte de esta bendición como no puedo dejar de ser Dios. Además, *yo mismo
soy tu paz*. Por eso, cuanto más íntimamente me conoces,
más podrás experimentar mi paz insondable. Tómate tu
tiempo, tómate tiempo para acercarte más a mí; búscame en cada momento de tu vida. Ven libremente a mi

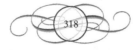

presencia, aunque te sientas mal respecto de ti mismo. Recuerda quién soy yo: *el SEÑOR que de ti se compadece.*

Aunque cambien de lugar las montañas y se tambaleen las colinas, no cambiará mi fiel amor por ti ni vacilará mi pacto de paz, —dice el SEÑOR, que de ti se compadece—.
ISAÍAS 54.10

Levanten los ojos al cielo; miren la tierra aquí abajo: como humo se esfumarán los cielos, como ropa se gastará la tierra, y como moscas morirán sus habitantes. Pero mi salvación permanecerá para siempre, mi justicia nunca fallará.
ISAÍAS 51.6

Porque Cristo es nuestra paz: de los dos pueblos ha hecho uno solo, derribando mediante su sacrificio el muro de enemistad que nos separaba.
EFESIOS 2.14

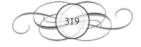

AUTOCONTROL

Si te enojas, no peques; no permitas que el enojo te dure hasta la puesta del sol. Aunque este es un mandato bíblico, en muchos círculos cristianos el enojo es un tabú. Reprimir esta emoción humana normal no es ni justo ni saludable; de hecho, hacerlo puede conducir a serios problemas. Si tú no reconoces tu enojo, *estás dejando que dure hasta la puesta del sol* y te lo llevas contigo a la cama. Esto *da cabida al diablo*, le da una puerta de entrada a tu vida. También puede producir como resultado diversos problemas de salud. Por lo tanto, es vital reconocer, cuanto antes, este poderoso sentimiento. Las palabras *si te enojas* te dan permiso para tener tal sentimiento, con lo cual eres libre para enfrentarlo francamente. Al hacerlo, sin embargo, tienes que ser cuidadoso en la forma de expresarlo.

El primer paso es traer tu enojo a mí. Yo te ayudaré a determinar si es legítimo o no. Si lo es, te ayudaré a decidir qué hacer. El enojo puede ser una señal de que algo no está funcionando bien y necesita atención. A veces, sin embargo, tus iras están basadas en distorsiones: malos entendidos o malas interpretaciones. Reconocer tales distorsiones puede ser un elemento liberador. Si tú no has reaccionado a estos sentimientos en una forma hiriente, simplemente podrás desentenderte de ellos. Sin embargo, si has reaccionado en forma agresiva, vas a

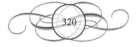

tener que pedirme perdón a mí y a todas las personas que han sido afectadas por tus acciones.

Recuerda que yo vine para *hacerte libre*. Manejar los enojos en una forma responsable te libera para vivir una vida de abundancia, y disfrutar de mi presencia plenamente.

«Si se enojan, no pequen». No permitan que el enojo les dure hasta la puesta del sol, ni den cabida al diablo.
EFESIOS 4.26, 27

Contra ti he pecado, solo contra ti, y he hecho lo que es malo ante tus ojos; por eso, tu sentencia es justa, y tu juicio, irreprochable.
SALMOS 51.4

Y conocerán la verdad, y la verdad los hará libres.
JUAN 8.32

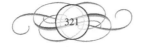

CONFIANZA

Yo soy tu fuerza y tu escudo. Yo estoy trabajando continuamente —a veces en formas maravillosas— para ayudarte y protegerte. ¡Cuando pones tu confianza en mí, tu corazón puede *saltar de alegría*!

Confiar en mí y amarme van de la mano. Cuando yo busco el corazón de mis hijos, en lo que me fijo más es en la medida del amor y la confianza que hay en ellos. Si tú dices que me amas, pero realmente no confías en mí —en cuanto a preocuparme por ti y por tus seres queridos proveyéndoles lo que es mejor para sus vidas— entonces tus palabras suenan huecas.

Al confiar en mí de todo corazón, tú debes descansar en mi soberanía: mi control absoluto sobre el universo. Cuando las circunstancias parecen girar fuera de control, es esencial creer que yo sé lo que estoy haciendo. Yo orquesto cada evento de tu vida —incluyendo el sufrimiento y la pérdida de algún ser querido— para beneficiarte en este mundo y en el siguiente. Mientras tú estás en la agonía de la adversidad, tu más grande desafío es seguir confiando que yo soy tanto soberano como bueno. No esperes entender mis caminos. *Porque mis caminos y mis pensamientos son más altos que los tuyos; ¡más altos que los cielos sobre la tierra!* La mejor reacción que puedes tener es darme las gracias, creer que puedo hacer que de las circunstancias no deseadas

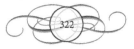

obtengas beneficio. Este acto de fe te animará y me glorificará. Yo me alegro cuando en sus luchas, mis hijos *con cánticos me dan gracias.*

El Señor es mi fuerza y mi escudo; mi corazón en él confía; de él recibo ayuda. Mi corazón salta de alegría, y con cánticos le daré gracias.
SALMOS 28.7

¡Cuánto te amo, Señor, fuerza mía! El Señor es mi roca, mi amparo, mi libertador; es mi Dios, el peñasco en que me refugio. Es mi escudo, el poder que me salva, ¡mi más alto escondite!
SALMOS 18.1, 2

Mis caminos y mis pensamientos son más altos que los de ustedes; ¡más altos que los cielos sobre la tierra!
ISAÍAS 55.9

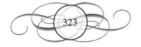

CONDENACIÓN

En mi presencia no hay condenación, porque te veo
cubierto con el manto de mi justicia. Si pones de-
masiada atención a todas las formas en que has fallado,
fácilmente puedes llegar a ser presa del autodesprecio.
Para evitar eso, debes recordarte diariamente que *yo te he
vestido con ropas de salvación*, liberándote de ser conde-
nado por la *ley del pecado y de la muerte*.

Quiero ayudarte a que te veas como yo siempre te
veo: deslumbrante en justicia real. Quizás te resulte fácil
verte de esta manera cuando estás viviendo de acuerdo con tu idea de desempeño, pero en esta vida nunca
podrás llegar a mi modelo de desempeño. Necesitas mi
justicia tanto en los días buenos como en los días malos.

Una trampa muy común es —cuando las cosas te están saliendo bien— pensar que puedes arreglártelas sin
mí. En tales circunstancias puedes llegar a pensar que
no necesitas mi túnica real. Otro error muy común es
preocuparte tanto por tu pecaminosidad y fallos que te
desesperas, olvidándote que mi vestidura de salvación es
suficiente para cubrir *todos* tus pecados.

Yo quiero que disfrutes la riqueza de tu salvación, el
deleite de una existencia libre de culpa en mí. Cuando me
convertí en tu Salvador, *te cubrí con un manto de perfecta
justicia*. ¡Nada ni nadie puede despojarte de esa vestidura!
Cuanto más a menudo te veas vestido con mi atavío real,

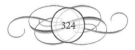

más alegría experimentarás en mi radiante presencia. Eres realeza escogida y me perteneces, *para proclamar las obras maravillosas*. ¡Yo soy quien *te llamo de las tinieblas a mi luz admirable*!

*Por lo tanto, ya no hay ninguna condenación
para los que están unidos a Cristo Jesús, pues
por medio de él la ley del Espíritu de vida me ha
liberado de la ley del pecado y de la muerte.*
ROMANOS 8.1, 2

*Me deleito mucho en el SEÑOR; me regocijo en mi Dios.
Porque él me vistió con ropas de salvación y me cubrió
con el manto de la justicia. Soy semejante a un novio que
luce su diadema, o una novia adornada con sus joyas.*
ISAÍAS 61.10

*Pero ustedes son linaje escogido, real sacerdocio,
nación santa, pueblo que pertenece a Dios, para
que proclamen las obras maravillosas de aquel que
los llamó de las tinieblas a su luz admirable.*
1 PEDRO 2.9

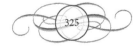

DEBILIDAD

AMADO, SI VIVES EN ESTRECHO CONTACTO CONMIGO, LA LUZ DE MI PRESENCIA PUEDE FLUIR A TRAVÉS DE TI PARA BENDECIR A OTROS. Por eso, acércate a mí tal como eres y en tu situación. Si me buscas y te abres a mí vas a experimentar mi luz brillando sobre ti y dentro de ti. Deja que estos rayos saludables se profundicen en tu ser, y te bendigan y hagan de ti una fuente de bendición para otras personas.

Quizás te preguntas cómo podría ocurrir que seas de bendición cuando te consideras tan poca cosa. En realidad, las mismas cosas que te preocupan a ti —tus debilidades y tus heridas— son las que más uso para ayudar a otras personas, porque he *hecho brillar mi luz en tu corazón para que conocieran mi gloria*. Tanta luz y gloria simplemente no las puedes contener dentro de ti. Tus heridas y debilidades proporcionan vías a través de las cuales parte de esta gloriosa luz se derrama desde ti hacia el mundo.

Al dejar expuestas tu humildad y tus partes dañadas, permites que mi luz brille a través de ti en las vidas de otras personas. De esta manera, tus necesidades y heridas, consagradas a mí, llegan a ser tesoros en mi reino.

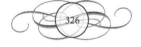

*Dichosos los que saben aclamarte, Señor, y
caminan a la luz de tu presencia.*
Salmos 89.15

*Porque Dios, que ordenó que la luz resplandeciera
en las tinieblas, hizo brillar su luz en nuestro
corazón para que conociéramos la gloria de
Dios que resplandece en el rostro de Cristo.*
2 Corintios 4.6

*Pero tenemos este tesoro en vasijas de barro para
que se vea que tan sublime poder viene de Dios y no
de nosotros. Nos vemos atribulados en todo, pero no
abatidos; perplejos, pero no desesperados; perseguidos,
pero no abandonados; derribados, pero no destruidos.*
2 Corintios 4.7-9

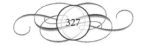

PERMANECER EN ÉL

VEN A MÍ. *Ven a mí. Ven a mí.* Esta es mi permanente invitación para ti, con susurros santos.

Desafortunadamente, a menudo te distraen los ruidos de tus preocupaciones y el clamor del mundo. Quiero ayudarte a *recordar* mi presencia atrayente aun cuando tú estés demasiado perturbado para oír mis susurros cariñosos.

Mis hijos con frecuencia necesitan ayuda para recordar cosas. Fácilmente se olvidan de mí y de las grandes obras que he hecho en su favor. Por ejemplo, para los israelitas hice un camino seco a través del mar Rojo y los salvé de los egipcios que los perseguían. Pero muchos de estos antiguos esclavos se acordaron de la sabrosa comida que tenían cuando vivían en Egipto, y no de las hazañas milagrosas que realicé para darles la libertad.

No dejes que asuntos triviales te distraigan de mí. Recuerda que mi muerte sacrificial y mi resurrección milagrosa proyectan luz sobre cada momento de tu vida. Quiero que vivas intensamente bajo esta luz, llegando a ser más y más consciente de mi cercanía a ti.

Para ayudarte en este esfuerzo de recordar, piensa de mí como el amante de tu alma: el que se deleita en ti ahora y para siempre. Quiero que te veas primero y principalmente como mi amado, ya que esta es tu identidad definitiva. Llena tu mente con verdades bíblicas sobre mi amor perfecto por ti.

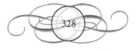

Ven a mí en todo momento, mi amado. *Ábreme tu corazón, porque yo soy tu refugio.*

«*Vengan a mí todos ustedes que están cansados y agobiados, y yo les daré descanso*».
MATEO 11.28

Moisés extendió su brazo sobre el mar, y toda la noche el Señor envió sobre el mar un recio viento del este que lo hizo retroceder, convirtiéndolo en tierra seca. Las aguas del mar se dividieron, y los israelitas lo cruzaron sobre tierra seca. El mar era para ellos una muralla de agua a la derecha y otra a la izquierda.
ÉXODO 14.21, 22

Confía siempre en él, pueblo mío; ábrele tu corazón cuando estés ante él. ¡Dios es nuestro refugio!
SALMOS 62.8

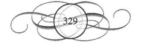

DESEARLO A ÉL

YO HE DESPERTADO EN TU CORAZÓN UN FUERTE DESEO POR CONOCERME. Este anhelo se originó en mí, aunque ahora arde con intensidad en ti.

Antes de que me conocieras, tú procurabas encontrar vida en muchos lugares diferentes. A menudo te parecía que habías encontrado lo que buscabas solo para decepcionarte luego. Después de tu desilusión, yo vine y te tomé para integrarte a mi propia familia. Más tarde, empezaste a *tener sed de mí*, y deseabas conocerme con más profundidad. Apartaste tiempo para reunirte conmigo como tu *Dios de la vida*, intensamente presente contigo.

Cuando decidiste conocerme más íntimamente, yo me alegré, pero no me sorprendí. Yo te venía buscando desde mucho antes. Había estado obrando en tu vida tanto como en tu corazón, mente y espíritu. Tu deseo por caminar más cerca de mí surgió de mi trabajo minucioso en ti. Yo inicié tu anhelo por mí y tu respuesta me alegró.

Es importante que me conozcas como el iniciador en nuestra relación.

Si piensas que es tu disciplina espiritual la que te mantiene cerca de mí, estás en peligro. Un día cualquiera puedes escatimar tu tiempo conmigo o no puedes concentrarte bien. Si estás dependiendo de tus propios esfuerzos para mantenerte cerca de mí, es muy probable que en algún momento te sientas distante de mí. Pero si

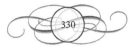

descansas en mí —en lo que he hecho, hago y haré— sabes que mi amor por ti está siempre asegurado. Así es que puedes descansar en mí: *confiando en mi gran amor*, prosperando en mi presencia permanente.

Oh Dios, tú eres mi Dios; yo te busco intensamente.
Mi alma tiene sed de ti; todo mi ser te anhela, cual
tierra seca, extenuada y sedienta.
SALMOS 63.1

Tengo sed de Dios, del Dios de la vida. ¿Cuándo
podré presentarme ante Dios?
SALMOS 42.2

«Yo soy la vid y ustedes son las ramas. El que
permanece en mí, como yo en él, dará mucho fruto;
separados de mí no pueden ustedes hacer nada».
JUAN 15.5

Pero yo soy como un olivo verde que florece
en la casa de Dios; yo confío en el gran amor
de Dios eternamente y para siempre.
SALMOS 52.8

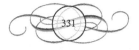

VIDA VICTORIOSA

Quiero que digas con toda confianza: «el Señor es quien me ayuda; no temeré. ¿Qué me puede hacer un simple mortal?». Esta confianza tan categórica no es una negación de las cosas malas que le pueden ocurrir a mi pueblo. Es una declaración de valor trascendental en medio de las pruebas y los peligros. El fundamento para este valor es mi tenaz presencia contigo: *nunca te dejaré ni te abandonaré. Yo mismo marcharé al frente de ti y estaré contigo* dondequiera que vayas.

Conozco tu tendencia al miedo, y anhelo ayudarte a liberarte de eso. Muchos de tus temores se derivan de pensar en las cosas malas que te podrían suceder, dejándome a mí afuera de ese escenario imaginario. Esta es una práctica muy dañina; también es un ejercicio en irrealidades. Aunque tu futuro se extiende desde aquí hasta la eternidad, no hay ni siquiera un segundo en que yo esté ausente de ti.

Cuando el salmista David fue perseguido por el rey Saúl, estuvo en peligro constante. Pero aun así pudo escribir: *El Señor es el baluarte de mi vida; ¿quién podrá amedrentarme?* Yo también soy *tu baluarte.* Por donde quiera que tu mente se desvíe en el futuro, haz el esfuerzo de incluirme en esa imagen. Fíjate cómo te ayudo, fortaleciéndote, dándote ánimo. En lugar de dejarte intimidar por tiempos difíciles que pudieran presentarse,

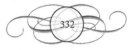

considéralos aventuras que tú y yo, juntos, podemos manejar. Si pensamientos de miedo comienzan a cercarte, mándalos a las tinieblas con un grito de «¡Victoria!» confiando en aquel que ya venció y que *nunca te dejará ni te abandonará*.

Así que podemos decir con toda confianza:
«El Señor es quien me ayuda; no temeré. ¿Qué
me puede hacer un simple mortal?».
HEBREOS 13.6

El Señor mismo marchará al frente de
ti y estará contigo; nunca te dejará ni te
abandonará. No temas ni te desanimes».
DEUTERONOMIO 31.8

El Señor es mi luz y mi salvación; ¿a quién
temeré? El Señor es el baluarte de mi
vida; ¿quién podrá amedrentarme?
SALMOS 27.1

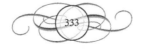

ACTITUD

No juzgues a nadie, para que nadie te juzgue a ti. Yo estoy consciente de tus tendencias a juzgar, y eso me entristece. Juzgar es, realmente, *mi* prerrogativa: *el Padre me ha delegado todo juicio a mí.* Además, la Escritura deja claro que cuando tú juzgas a otros, *te condenas a ti mismo.* Yo me doy cuenta de que muchos de tus juicios ocurren casi automáticamente, sin real consciencia de lo que se está haciendo. Yo quiero ayudarte a contender con este hábito perjudicial.

Juzgar a otros es una forma clásica de distraerte de tus propios defectos. Desde la Caída, la gente ha venido usando esta técnica para evitar enfrentarse con ellos mismos. Para poner fin a esta práctica, necesitas hacerte regularmente un examen a la luz de mi santa presencia. Aunque esto tiende a ser doloroso, puede también ser una rica bendición. En mi brillante luz ves diversas formas en las que no alcanzas mi estándar santo. Este mayor grado de conciencia hace más evidente tu necesidad de un gran Salvador y te muestra mi provisión sacrificial. Al pensar en el milagro de la Vida eterna comprado con sangre —mi don gratuito a los creyentes— tú recibes mi gozo en una medida llena. Deja que esta alegría corra a través de ti, quitando la *viga de tu ojo.* Entonces podrás ver a los demás claramente, desde mi perspectiva. Y amándolos con mi amor, podrás ayudarles a quitar de sus ojos «las astillas».

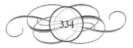

«No juzguen a nadie, para que nadie los juzgue a ustedes. Porque tal como juzguen se les juzgará, y con la medida que midan a otros, se les medirá a ustedes».
MATEO 7.1, 2

Además, el Padre no juzga a nadie, sino que todo juicio lo ha delegado en el Hijo.
JUAN 5.22

Por tanto, no tienes excusa tú, quienquiera que seas, cuando juzgas a los demás, pues al juzgar a otros te condenas a ti mismo, ya que practicas las mismas cosas.
ROMANOS 2.1

«¿Por qué te fijas en la astilla que tiene tu hermano en el ojo y no le das importancia a la viga que tienes en el tuyo? ¿Cómo puedes decirle a tu hermano: "Hermano, déjame sacarte la astilla del ojo", cuando tú mismo no te das cuenta de la viga en el tuyo? ¡Hipócrita! Saca primero la viga de tu propio ojo, y entonces verás con claridad para sacar la astilla del ojo de tu hermano».
LUCAS 6.41, 42

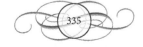

ADORACIÓN

MI AMOR ES TAN GRAN QUE LLEGA A LOS CIELOS; MI VERDAD LLEGA HASTA EL FIRMAMENTO. Tú te puedes sentir maravillosamente seguro en un amor que no tiene límites ni fronteras, y que no puede dejar de existir. Tampoco mi verdad tiene límites, por eso nunca escaseará. Tu mejor respuesta a estos dones maravillosos es la adoración.

Yo me gozo en tu alabanza, la que nos bendice a ambos: tanto a ti como a mí. A ti te pone en sintonía con mi gloriosa presencia. Cuanto más me alabas, mejor podrás reflejar mi gloria *entre las naciones*. Esta es la obra del Espíritu Santo, que te está *transformando a mi semejanza con más y más gloria por la acción del Señor*. Al acercarte a mí mediante la adoración, yo te cambio profundamente, capacitándote para que me des a conocer a otros.

Mi amor no solo alcanza hasta los cielos, sino que también desciende sobre ti desde esas regiones celestiales. Confía en mí, amado, y mantente con tus ojos puestos en mí. Fíjate cómo te sonrío en radiante aprobación. Mi amor ilimitado desciende continuamente sobre ti como copos de nieve celestiales, fundiéndose en tu cuerpo y en tu alma. No importa cuán difíciles sean tus circunstancias, este amor es suficiente para sostenerte. Algún día ascenderás al cielo en él. Yo espero ansioso el tiempo cuando *te acoja en gloria* para que estés para siempre conmigo en la perfección del paraíso.

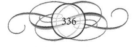

336

Te alabaré, SEÑOR, entre los pueblos, te cantaré salmos entre las naciones. Pues tu amor es tan grande que llega a los cielos; ¡tu verdad llega hasta el firmamento!
SALMOS 57.9, 10

Así, todos nosotros, que con el rostro descubierto reflejamos como en un espejo la gloria del Señor, somos transformados a su semejanza con más y más gloria por la acción del Señor, que es el Espíritu.
2 CORINTIOS 3.18

Pero yo siempre estoy contigo, pues tú me sostienes de la mano derecha. Me guías con tu consejo, y más tarde me acogerás en gloria.
SALMOS 73.23, 24

ADVERSIDAD

Cuando el camino por el cual vas se vuelve abrumador, lo mejor que puedes hacer es permanecer fiel a mí. En tales momentos, el futuro parece irreal —inalcanzable— y el pasado parece remoto, pero esto puede realmente ser una bendición. Mis seguidores tienden a perder grandes cantidades de tiempo y energía pensando sobre asuntos del pasado y del futuro. Así, descuidan el presente —que es donde realmente viven— y mi presencia, aunque yo estoy siempre cerca.

Cuando te rodeen las circunstancias adversas y pareciera que se cierran sobre ti, todavía es posible *alegrarse en mí, tu libertador*. Como no puedes hallar una salida a tus circunstancias, acepta la situación y búscame en medio de la dificultad.

Es posible que a veces te sientas como que ya no puedes esperarme más. Te recuerdo, sin embargo, que has sido capacitado para *permanecer fiel el día de hoy*. Tú tienes un respaldo poderoso porque el Espíritu Santo vive en ti. Él te puede dar fuerza sobrenatural, mucho más que la propia tuya. Además de esto, mi mano está eternamente asida a la tuya. Aunque tu fuerza para mantenerte aferrado a mí puede fallar, la mía nunca se debilita. *Así que no temas porque yo —tu Dios— estoy contigo. Te fortaleceré y te ayudaré; te sostendré con mi diestra victoriosa.*

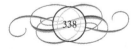

Permanezcan fieles al Señor vuestro Dios,
como lo han hecho hasta ahora.
Josué 23.8

Aunque la higuera no florezca, ni haya frutos
en las vides; aunque falle la cosecha del olivo, y
los campos no produzcan alimentos; aunque
en el aprisco no haya ovejas, ni ganado alguno
en los establos; aun así, yo me regocijaré en
el Señor, ¡me alegraré en Dios, mi libertador!
Habacuc 3.17, 18

Mi alma se aferra a ti; tu mano derecha me sostiene.
Salmos 63.8

Así que no temas, porque yo estoy contigo; no te
angusties, porque yo soy tu Dios. Te fortaleceré y te
ayudaré; te sostendré con mi diestra victoriosa.
Isaías 41.10

PAZ

Yo soy el Señor de paz, la única fuente de paz genuina. Yo te doy este don, no como algo separado de mí, sino como parte de mi mismísima esencia. Al abrir tu corazón y tu mente a mí, mi Paz está presente, fácilmente disponible para ti. Sin embargo, este glorioso don no es algo del que tú te puedas apropiar a la carrera. Necesitas dedicar tiempo para concentrarte en mí y disfrutar de mi presencia, poniendo todo lo demás a un lado por un tiempo.

Tú vives en medio de intensas batallas espirituales, y mi paz es una parte esencial de la armadura que yo te proveo. Para mantenerte de pie durante el combate, necesitas calzar botas de guerra resistentes: *el evangelio de la paz*. Estas buenas nuevas te aseguran que te amo y que *estoy contigo*: que estoy a tu lado.

Muchos de mis seguidores pierden su paz porque me consideran alguien que está escudriñando constantemente sus vidas, mirándolos a través de ojos críticos. Por el contrario, yo te contemplo a través de ojos de amor perfecto. Cuando te parece que has fallado, háblate y dite la verdad: mi muerte en la cruz cubre *todos* tus pecados. Yo te amo sin importar lo bien o lo mal que estás comportándote, simplemente porque eres mío. Regocíjate en esta *paz del evangelio*; es tuya para que la disfrutes *siempre y en todas las circunstancias*.

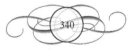

*Que el Señor de paz les conceda su paz siempre y en
todas las circunstancias. El Señor sea con todos ustedes.*
2 TESALONICENSES 3.16

*Manténganse firmes, ceñidos con el cinturón de la
verdad, protegidos por la coraza de justicia, y calzados
con la disposición de proclamar el evangelio de la paz.*
EFESIOS 6.14, 15

*¿Qué diremos frente a esto? Si Dios está de nuestra
parte, ¿quién puede estar en contra nuestra?*
ROMANOS 8.31

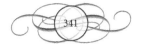

GRATITUD

¡Ofréceme sacrificios de gratitud y jubiloso proclama mis obras! Enfrentar tus circunstancias valientemente —agradécelas— es una de las formas de alabanza más sublimes. Desde hace mucho tiempo te he venido entrenando en la disciplina de la gratitud, pero todavía te es difícil darme gracias por los sufrimientos, los tuyos y los de otras personas. A veces puedes hacerlo, y cuando lo haces, te das cuenta de que te sientes aliviado y más cercano a mí.

Dar gracias por la adversidad requiere un profundo nivel de confianza: en mi bondad, en mi misericordia, en mi amor. Aquellos que *confían en su propia inteligencia* no pueden lograr esta profundidad de confianza. Por eso, manejar las dificultades con valentía implica renunciar a tu exigencia de entender.

Estás aprendiendo a enfrentar tus circunstancias valientemente —y con acción de gracias— y ya has experimentado beneficios personales por hacerlo. Pero hay más, ¡mucho más! Tu aceptación agradecida de la adversidad tiene grandes repercusiones más allá de ti mismo: en los cielos tanto como en la tierra. Aparte de tener *Poder divino para derribar las fortalezas espirituales del mal*, tu sacrificio de gratitud hace repicar campanas de gozo a través de los lugares celestiales. En la tierra, tu paciente perseverancia durante el sufrimiento envía ondas

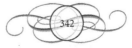

342

de buenas noticias en círculos cada vez más amplios para
fortalecer y alentar a mi pueblo.

*¡Que [los redimidos del Señor] ofrezcan sacrificios
de gratitud, y jubilosos proclamen sus obras!*
SALMOS 107.22

*Dando siempre gracias a Dios el Padre por todo,
en el nombre de nuestro Señor Jesucristo.*
EFESIOS 5.20

*Confía en el SEÑOR de todo corazón, y
no en tu propia inteligencia.*
PROVERBIOS 3.5

*Pues aunque vivimos en el mundo, no libramos
batallas como lo hace el mundo. Las armas con
que luchamos no son del mundo, sino que tienen
el poder divino para derribar fortalezas.*
2 CORINTIOS 10.3, 4

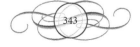

ESFORZARSE

TE AMO, INDEPENDIENTEMENTE DE CUÁN BUENO ES TU COMPORTAMIENTO. Cada vez que estés enfrentando ansiedad por cuestiones de comportamiento, comparte conmigo esos sentimientos.

Tu mente ya ha desenmascarado muchas veces a este ladrón de paz, pero el granuja continúa arañando tu corazón cuando bajas la guardia. Así, te encuentras luchando con sentimientos de fracaso, a veces sin ni siquiera saber por qué. Yo quiero ayudarte para que te liberes de esta esclavitud a través del empoderamiento de *mi gran amor.*

Ven a mí con tus sentimientos de fracaso. Tráelos a la luz de mi presencia, donde los podremos examinar juntos tú y yo. Estos sentimientos —basados en mentiras y engaños— se desarrollan en la oscuridad, donde a ti te cuesta mucho estar consciente de ellos. Pero bajo mi luz brillante y sanadora, se marchitan y encogen. Con todo, tu ansiedad de rendimiento no es rival para mí. Yo derroté a este villano de la misma forma que triunfé sobre Satanás: ¡mediante mi obra acabada en la cruz!

Cuando los sentimientos de fracaso te agobien, mírame a mí. Deja que la luz de mi amor brille sobre ti, disipe la oscuridad y te acerque más a mí. Cuanto más apegado a mí estés, más claramente podrás ver mi sonrisa de aprobación. Al gozarte en este amor incondicional,

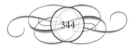

adquieres fuerzas para liberarte de la ansiedad por tu comportamiento. Incluso si te deslizas de nuevo hacia viejos hábitos, puedes volver a mí en cualquier momento. Mi gran amor está siempre disponible para restaurarte, porque tú me perteneces para siempre.

Vuélvete, Señor, y sálvame la vida; por tu gran amor, ¡ponme a salvo!
SALMOS 6.4

¡Cuán precioso, oh Dios, es tu gran amor! Todo ser humano halla refugio a la sombra de tus alas. Se sacian de la abundancia de tu casa; les das a beber de tu río de deleites. Porque en ti está la fuente de la vida, y en tu luz podemos ver la luz.
SALMOS 36.7-9

¡Pero gracias a Dios, que nos da la victoria por medio de nuestro Señor Jesucristo!
1 CORINTIOS 15.57

PRUEBAS

No te extrañes del fuego de la prueba que estás soportando, como si fuera algo insólito. *Al contrario, alégrate de tener parte en mis sufrimientos.* Acepta tu prueba como un proceso de refinamiento espiritual, *con mi gloria a punto de revelarse.*

Hay muchas formas de sufrir por mí. La más obvia es experimentar persecución por presentar el evangelio a la gente. Sin embargo, cuando soportas la adversidad —cualquiera que sea— de la misma forma que Cristo la enfrentó por tu amor a mí, yo lo veo como si estuvieras sufriendo por mí. Por eso, no te dejes desalentar cuando las pruebas por las que estás pasando pareciera que no van a pasar nunca. Aun puedes alegrarte que estés compartiendo lo que yo experimenté como *Varón de dolores, hecho para el sufrimiento.* Invítame a participar en tus luchas. Yo las entiendo mejor que cualquiera y quiero ayudarte con ellas.

Cuando tu sufrimiento se prolonga, la mayor tentación que enfrentas es el escapismo; es decir, tratar —al costo que sea e incluso en forma irresponsable— de huir de los problemas. Si soportas los golpes de la vida en confiada dependencia de mí, yo puedo hacer que te produzcan muchas cosas buenas. Yo dispongo *todas las cosas para el bien de quienes me aman.* Considera tus pruebas como parte de tu educación: *un proceso de afinamiento*

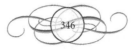

espiritual. Siendo que eres mi seguidor, tus sufrimientos se acabarán definitivamente un día. Te ayudarán a perseverar manteniendo la mirada en la recompensa: *¡mi gloria está a punto de revelarse!*

Queridos hermanos, no se extrañen del fuego de la prueba que están soportando, como si fuera algo insólito. Al contrario, alégrense de tener parte en los sufrimientos de Cristo, para que también sea inmensa su alegría cuando se revele la gloria de Cristo.
1 PEDRO 4.12, 13

Despreciado y rechazado por los hombres, varón de dolores, hecho para el sufrimiento. Todos evitaban mirarlo; fue despreciado, y no lo estimamos.
ISAÍAS 53.3

Ahora bien, sabemos que Dios dispone todas las cosas para el bien de quienes lo aman, los que han sido llamados de acuerdo con su propósito.
ROMANOS 8.28

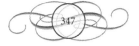

DEPENDER EN ÉL

POR MI GRAN AMOR TE GUIARÉ. Todo lo demás, todos los demás te pueden fallar, pero yo nunca te fallaré. Vives en un mundo de quebrantos, donde promesas y garantías a menudo se quebrantan. Sin embargo, mi amor por ti no es de este mundo: es constante, perfecto e inextinguible. Nada puede separarte de este perpetuo torrente de amor, porque yo te he redimido, te compré con mi sangre. Por lo tanto, me perteneces.

Lo que realmente importa en tu vida es que *yo siempre estoy contigo, te sostengo de la mano derecha*. Mientras vas rumbo a *mi santa lugar*, preocúpate de hacerlo *con mi fuerza*. Yo te fortalezco, de manera que puedas mantenerte en camino y también me glorifiques a medida que avanzas. Algunos de mis seguidores me glorifican mientras disfrutan de una salud vibrante y de múltiples éxitos. Otros me glorifican en sus debilidades y en medio de sus luchas, sufriendo bien en medio de la adversidad. Quiero que seas consciente que yo te sonrío, sea que tus circunstancias sean arduas o fáciles. Sigue caminando en mi fuerza. Mi fuerza es ilimitada. ¡Te aseguro que tu destino final no es otro que el cielo mismo!

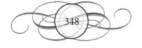

Por tu gran amor guías al pueblo que has rescatado; por tu fuerza los llevas a tu santa morada.
ÉXODO 15.13

Mira desde el cielo, desde el santo lugar donde resides y [...] bendice a tu pueblo...
DEUTERONOMIO 26.15

Pero yo siempre estoy contigo, pues tú me sostienes de la mano derecha. Me guías con tu consejo, y más tarde me acogerás en gloria.
SALMOS 73.23, 24

Nosotros somos ciudadanos del cielo, de donde anhelamos recibir al Salvador, el Señor Jesucristo.
FILIPENSES 3.20

CONFIANZA

¡Yo soy un dios increíble! ¿Quién sino yo puede estar en todo lugar en todo tiempo, actuando en tu favor? ¿Puedes creer que alguien tan grande como yo se preocupe de aun los más mínimos detalles de tu vida? ¡Así obro! Cuando piensas en estas gloriosas verdades te sientes seguro, y sabes que nunca estarás solo. Cuando te olvidas de estas verdades, vuelves a tu antigua forma de pensar y te esfuerzas como si los resultados dependieran de ti.

Lo que realmente necesitas es mantenerme a *mí* siempre ante ti y no solo las verdades con *respecto* a mí. Es muy fácil que mis hijos confundan saber de mí con conocerme como una experiencia personal. El apóstol Pablo entendió esta distinción. Él escribió sobre la necesidad de *poder, por medio de mi Espíritu, para comprender cuán ancho y largo, alto y profundo es mi amor, ¡amor que sobrepasa tu conocimiento!*

Conocerme es mucho más que una actividad de la mente. Es, en gran medida, un asunto de confiar en mí. En ocasiones, tú estás muy consciente de mi presencia; en otras, esta percepción es mínima o incluso no existe. Cuando te sientes solo, necesitas poner tu confianza en mí. ¡Sigue viviendo y comunicándote como si yo estuviera contigo, y lo estoy! Mi promesa es que *nunca te dejaré, jamás te abandonaré.* En lugar de correr tras otros dioses cuando estás necesitado, esfuérzate en

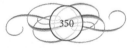

acercarte más a mí. Sin importar lo que esté ocurriendo, confiar en mí y acercarte más a mí son tu mejor estrategia para vivir bien.

Siempre tengo presente al Señor; con él
a mi derecha, nada me hará caer.
SALMOS 16.8

Le pido que, por medio del Espíritu y con el poder
que procede de sus gloriosas riquezas, los fortalezca a
ustedes en lo íntimo de su ser, para que por fe Cristo
habite en sus corazones. Y pido que, arraigados y
cimentados en amor, puedan comprender, junto
con todos los santos, cuán ancho y largo, alto y
profundo es el amor de Cristo; en fin, que conozcan
ese amor que sobrepasa nuestro conocimiento,
para que sean llenos de la plenitud de Dios.
EFESIOS 3.16-19

Manténganse libres del amor al dinero, y
conténtense con lo que tienen, porque Dios ha
dicho: «Nunca te dejaré; jamás te abandonaré».
HEBREOS 13.5

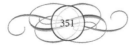

EL FUTURO

OLVÍDATE DE LAS COSAS DE ANTAÑO; YA NO VIVAS EN EL PASADO. *¡Estoy haciendo algo completamente nuevo!* Soy un Dios de sorpresas, infinitamente más creativo de lo que te puedas imaginar. El universo despliega algo de mi creatividad, pero hay más, mucho más. Estoy haciendo *un cielo nuevo y una tierra nueva*. Es más, estoy preparando a mi pueblo, por todo el mundo, para vivir allí conmigo en una euforia interminable. Deja que esta perspectiva de eternidad te fortalezca y te aliente.

Mientras vas por la vida conmigo, no dejes que el pasado te defina o defina tus expectativas de lo que vas a encontrar adelante. Es posible que te parezca que el camino por el cual vas es monótono o que incluso no tiene salida. Si tal es el caso, se debe a que estás proyectando el pasado al futuro. El obstáculo que te empecinas en ver adelante no es más que una ilusión. El futuro está en mis manos y yo puedo hacer cosas sorprendentes con él.

El mayor peligro que tienes es darte por vencido: dejar de creer que yo todavía puedo hacer nuevas cosas maravillosas en ti y en tu mundo. Tu trabajo es seguir moviéndote hacia adelante en confiada dependencia de mí. Deja de fijarte en los obstáculos que pudieras encontrar y concéntrate en mantenerte en contacto conmigo. En la medida que continúes dando pasos de confianza, espera que el camino que tienes por delante se abra en

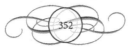

refrescante novedad. *Estoy abriendo un camino en el desierto, y ríos en lugares desolados.*

«*Olviden las cosas de antaño; ya no vivan en el pasado. ¡Voy a hacer algo nuevo! Ya está sucediendo, ¿no se dan cuenta? Estoy abriendo un camino en el desierto, y ríos en lugares desolados.*
ISAÍAS 43.18, 19

Al que puede hacer muchísimo más que todo lo que podamos imaginarnos o pedir...
EFESIOS 3.20

Después vi un cielo nuevo y una tierra nueva, porque el primer cielo y la primera tierra habían dejado de existir, lo mismo que el mar.
APOCALIPSIS 21.1

SEÑOR, hazme conocer tus caminos; muéstrame tus sendas.
SALMOS 25.4

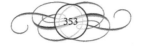

INTIMIDAD CON ÉL

Cuanto más intimidad experimentes conmigo, más convencido estarás de mis bondades. Tú has sabido esto intelectualmente por años; desde tu infancia te han enseñado que yo soy bueno. Sin embargo, este conocimiento no te cambió significativamente. Más tarde abrazaste la fe cristiana y probaste mis bondades, pero no fue más que una prueba porque seguías sin conocerme en profundidad. Como resultado, cuando las cosas empezaron a ir mal en tu vida, te resentiste conmigo. Solo cuando empezaste a invertir tiempo en buscar mi rostro comenzaste a conocerme íntimamente.

Ahora estás en el proceso de conocerme más a fondo, aunque yo te he estado buscando por bastante tiempo. Mucho antes de que abrazaras la fe cristiana yo ya estaba trabajando para revelarme a ti. Puse experiencias en tu vida para que sintieras una necesidad profunda de conocerme. Te puse en contacto con personas en quienes podrías ver la luz de mi presencia. Aun tras confiar en mí como tu Salvador, yo seguí buscando tu corazón que estaba dividido entre mí y tus metas mundanas. Finalmente, empezaste a *buscarme de todo corazón*, y eso me llenó de gozo.

Tu decisión ha abierto el camino para una genuina intimidad entre nosotros. Has probado mi bondad, y quieres más. Yo he respondido a este deseo de diversas maneras: te he permitido sufrir en la vida para que

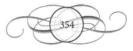

aprendas a confiar más en mí. Además, te he bendecido con experiencias exclusivas de mi presencia para estimular tu confianza en mi perfección. Mi meta es que llegues a estar tan convencido de mi bondad que nada pueda remover de ti la confianza que me tienes. Entonces, *tu alma quedará satisfecha como de un suculento banquete.*

Prueben y vean que el Señor es bueno;
dichosos los que en él se refugian.
SALMOS 34.8

Me buscarán y me encontrarán cuando
me busquen de todo corazón.
JEREMÍAS 29.13

Yo le he dicho al Señor: «Mi Señor eres tú.
Fuera de ti, no poseo bien alguno».
SALMOS 16.2

Mi alma quedará satisfecha como de un suculento
banquete, y con labios jubilosos te alabará mi boca.
SALMOS 63.5

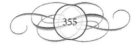

FE

Aunque quizás no te guste correr riesgos, disponte a correrlos conmigo. Si llevándote dirijo en esta
dirección, es el lugar más seguro que encontrarás. Quiero
que me sigas a donde yo te lleve, aunque esté fuera de tu
control. Te ayudaré a aprender a seguirme con confianza
en lugar de con temor.

Tráeme todos tus miedos. Los miedos que no se
enfrentan tienden a engrandecerse. Exponlos a la luz re-
veladora de mi presencia y verás cómo se encogen hasta
alcanzar proporciones manejables. Es posible que algunos
de ellos, bajo mi luz, parezcan más bien divertidos.

Cuando el miedo que te agobia cede, quedas libre
para seguirme. Agárrate firmemente de mi mano mientras nos acercamos al peligro. Como yo voy delante de ti
en esta aventura, puedes mantener tus ojos puestos en mí
mientras avanzas por fe. Pronto llegaremos a un lugar de
descanso y entonces, mirarás atrás para comprobar cuán
lejos habrás llegado. Al tomar mi mano para mantenerte
firme, intenta echar una mirada al horizonte; ¡disfruta el
paisaje que tienes desde esta perspectiva!

Tú estás seguro aquí —lejos del peligro conmigo— más que si estuvieras pisando suelo firme. En este
ambiente nuevo y retador deberás permanecer alerta:
comunicándote conmigo continuamente, sujetándote de
mi mano que te sostendrá. El entorno demasiado familiar

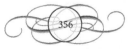

puede hacer que te sientas seguro, pero corres el riesgo de «dormirte en los laureles». Eso ocurre cuando tiendes a olvidarte de mí; también cuando estás a punto de caer. Sígueme confiadamente a dondequiera que yo te guíe, *y el refugio de mi presencia te dará seguridad.*

El Señor afirma los pasos del hombre cuando le agrada su modo de vivir; podrá tropezar, pero no caerá, porque el Señor lo sostiene de la mano.
SALMOS 37.23, 24

Fijemos la mirada en Jesús, el iniciador y perfeccionador de nuestra fe, quien, por el gozo que le esperaba, soportó la cruz, menospreciando la vergüenza que ella significaba, y ahora está sentado a la derecha del trono de Dios.
HEBREOS 12.2

Al amparo de tu presencia los proteges de las intrigas humanas; en tu morada los resguardas de las lenguas contenciosas.
SALMOS 31.20

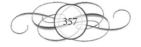

CIELO

Yo PUEDO GUARDARTE PARA QUE NO CAIGAS. Sé lo débil que eres: cuán fácilmente podrías tropezar si yo no te tuviera tomado de la mano. También te puedo *establecer sin tacha y con gran alegría ante mi gloriosa presencia*. Estás creciendo en gracia, pero la libertad completa del pecado no será posible, sino hasta que abandones este mundo caído. Sin embargo, porque realmente confías en mí como tu Salvador *te guardaré para que no caigas* y en sentido último: no voy a dejar que pierdas tu salvación.

Porque te he vestido con ropas de salvación y cubierto con el manto de la justicia, te puedo presentar sin faltas —impecable, perfecto, sin mancha— ante mi gloriosa presencia. Quiero que uses esta túnica real con confianza. Estás absolutamente seguro porque es *mi* justicia que te salva, no la tuya.

Esa gran alegría es tanto para ti como para mí. Ahora me deleito en ti, pero esta alegría será desorbitante cuando te encuentres conmigo en mi gloria. El gozo que vas a experimentar en el cielo está mucho más allá de cualquiera cosa que hubieses conocido en la tierra. Es indescriptible. Nada puede robarte esta herencia gloriosa, la cual es *indestructible, incontaminada e inmarchitable*. ¡Alégrate!

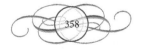

¡Al único Dios, nuestro Salvador, que puede guardarlos
para que no caigan, y establecerlos sin tacha y
con gran alegría ante su gloriosa presencia, sea
la gloria, la majestad, el dominio y la autoridad,
por medio de Jesucristo nuestro Señor, antes de
todos los siglos, ahora y para siempre! Amén.

Judas 24, 25

Me deleito mucho en el Señor; me regocijo en mi Dios.
Porque él me vistió con ropas de salvación y me cubrió
con el manto de la justicia. Soy semejante a un novio que
luce su diadema, o una novia adornada con sus joyas.

Isaías 61.10

¡Alabado sea Dios, Padre de nuestro Señor Jesucristo!
Por su gran misericordia, nos ha hecho nacer de
nuevo mediante la resurrección de Jesucristo, para que
tengamos una esperanza viva y recibamos una herencia
indestructible, incontaminada e inmarchitable. Tal
herencia está reservada en el cielo para ustedes.

1 Pedro 1.3, 4